バカ格差

谷本真由美

ワニブックス
PLUS 新書

はじめに

ここ20年ほどで日本で最も話題になったキーワードはなんでしょうか。

そのひとつに「格差」があります。

1980年代と90年代の日本のベストセラーリストを見てみますと、世界情勢を語る本や、いわゆる意識の高いビジネス本が並んでいます。さらに『清貧の思想』（草思社／文春文庫）など、バブル生活を改めましょうといった内容の本までも売れていました。

当時の日本の映画やドラマを見ても、社会問題や先のことなどまったく考えていない浮かれた若者たちがスキーに行ったり、海岸でＦＭラジオ放送を開始するといった、実にバカげた消費行動が描かれた作品が主流です。

そこに映る人々は誰もが豊かで笑顔に溢れており、肩パッドに金色のボタンが付いた服を着て、何も考えないでチークダンスを踊っています。誰もが高級車に乗り、高くてまずいイタリア料理を食べて、どうでもいいことに熱心になっています。

誰もが大した努力をしなくても豊かになると信じていて、そこにはネットカフェ難民も非正規雇用者も、親の介護に苦しむ低収入の独身男も存在していません。

誰もが同じだと思っていた時代、誰もが一戸建てを買えると思っていた時代、誰もが年を取ったらたっぷり年金をもらえると思っていた時代、誰もが結婚できると思っていた時代、誰もが当たり前のようにサラリーマンになれると思っていた時代でした。

ところが90年代後半を境に日本の社会は大きく変わってしまいました。

バブルがはじけ、大学生の就活が大変だということがメディアでは定番の話題になり、四大を卒業しても非正規雇用で働くしかない若者が溢れ、かつて多くの人の雇用を安定させてきた製造業が凋落《ちょうらく》し、大企業の不正が次々に発覚。東芝はサザエさんのスポンサーをやめ、ITビジネスで豊かになった人々と、メルカリで一万円札を買うような人たちが共存する社会になりました。

大学を卒業して、就職して、サラリーマンになり、スーツを着て、得意先を接待して、適齢期に結婚して、家と車と犬を買って、子どもをつくって、キャンプに行って、日曜は同僚とBBQをやって、子どもを大学まで行かせて、ローンを完済して、親を病院で看取《みと》って、60歳で定年になって、病院で死ぬ——という「敷かれたレールに乗ったつまらない人生」すら今の日本では難しくなってしまったのです。

かつては存在しなかった格差が社会で目に見えるようになり、不況で先行きの見えない中、タワーマンションの階数による格差や会社名による格差に悶々とするようになりました。

そんな人たちはインターネットの中で自分の悔しさを晴らすように匿名で有名人を叩いたり、中国や韓国を一生懸命叩いたりするのですが、朝起きて職場にたどり着くと正社員とは違うトイレに行かなければならなかったりします。

日本にも様々な格差が存在する時代になってしまいました。しかしその格差の中には他の国から見ると全然悩む必要のないようなバカバカしいものもありますし、改善できるようなものもあるんです。

本書では、日本で様々な格差に対して日々悶々としている人たちに対して、格差の原因を考え、分析して、今後私たちはどのように生きていくべきかという提言をしたいと考えています。

谷本真由美

目次

第3章　生まれついてのバカ格差……97

第1章　日本のバカ格差　ワースト5

①タワーマンションの階数格差

今の日本でバカ格差の筆頭に挙げられるのが「タワーマンションの階数格差」です。

タワーマンションの階数格差とは、首都圏を中心に急増している超高層マンションの住民が、住むフロアの階数によって同じ建物の住民や会社、近所などで差別されるという問題です。例えば「上の階（当然販売価格も上）から降りてきたエレベーターは止めない」という暗黙のルールが存在するマンションもあるそうです。

２０１６年にはタワーマンションを舞台にしたドラマ『砂の塔～知りすぎた隣人』で、その人間関係の暗部がリアルに描かれました。女性同士のヒエラルキーにおける陰湿さや陰険さは、見ている人が鬱になるレベルです。

居住階数が社会的スペック

タワーマンション住民にとって、居住する階数は社会的なスペックと同じです。

それは物件の価格にも反映されており、低層階は高層階に比べて坪単価で３割以上割安になるケースもあります。住民同士も、どの部屋がどのくらいの価格相場なのかをたいてい把握しているため、その「価格格差」によって、高層階の住民が低層階の住民を蔑む気持ちが生まれることがあるのです。

高層階の住民が下の階の住民を、陰で「低層階の人たち」と呼んで見下す、マンションの会合で会っても目を合わせないなど、例を挙げればキリがありません。

さらに、マンション内には賃貸と分譲の違いもあります。当然買うほうが（一般的に）お金があるわけですから、賃貸組と分譲組の間にも格差が生まれます。

フロアが異なる住民同士、分譲組と賃貸組も、タワーマンションの売りである共用のスポーツジムやプール、プレイルーム、エレベーターなどで接触します。

ちょっとした世間話から、どの階に住んでいるのか、分譲か賃貸かといったことだけではなく、夫の職業、子どもが通っている学校、乗っている車、持っているバッグのブランドなどの探り合いに発展し、マウンティング（社会的関係における優位を誇示すること）が始まります。

分譲組と賃貸組では共用スペースの利用料が違うこともあります。さらに、リア充

（実生活が充実しており、アウトドアなど大人数での活動が大好きな人々）が大好きなバーベキューや盆踊りなどのイベントでは、賃貸組は呼ばれず、分譲組だけで盛り上がることもあります。

そんな差別戦国時代状態の中に、Ｆａｃｅｂｏｏｋなどのソーシャルメディア、マンション用のインターネット掲示板での悪口合戦も加わり、バーチャルな世界でも逃げ場がないわけです。

高いお金を出して購入した住民からすると、タワーマンションは成功の証《あかし》であり、ステータスなのでしょうが、日本の封建的な価値観を反映した村社会そのものであり、旧世代的な思考の塊です。

住民は大半が田舎者

明治大学住環境研究会が公表した「豊洲タワーマンションアンケート調査結果」（２０１０年１月）によると、住人の妻か夫が東京都出身なのは20％程度で、半分以上が地方出身者です。

要するにタワーマンションの居住者の大半は、田舎における「でかい」「高い」「上にある」「キラキラしている」という単純でわかりやすい指標を引きずった人々なのです。田舎に行くと、お中元・お歳暮は質より量が重視されたり、定食の量が凄まじかったりしますが、それと同じ価値観です。

同調査で「マンション内で付き合っている人がいる」と答えた人の割合が20〜30代で約45％を占め、40代以上を大きく引き離しているのをみても、若い割にはベタベタとした付き合いが好きだという、田舎っぽい感性の持ち主が多いことがわかります。

お金持ちほど田舎に住む欧州

このような日本のタワーマンションの階数格差というのは、他の先進国から見ると大変バカげたものです。

特にイギリスや欧州大陸ではこの傾向が顕著です。

なぜかというと、欧州的な価値観では、「人間は人間らしい生活を送ること」が至上であり、都会の「箱」の中に住むのは、非人間的で貧しい生活だと考えられるからです。

欧州では、裕福な人ほど都会の混雑や自然のなさを嫌って、郊外や田舎の平屋か、せいぜい2階建ての邸宅に住みます。平家の多くは伝統的なレンガ造りや木造の家で、ガラスや鉄筋コンクリートで作られた近代的なタワーマンションとは正反対です。

古い家の保存には大変な手間とコストがかかり、修復を行えるのもごく一部の大工さんや職人のみということがよくあります。しかし、修復や改築の手間も生活の楽しみのひとつと考えられています。

消費するのではなく、自分にとって大切なものを直したり、保存するのが楽しいという価値観なのです。

欧州の南部のほうは暑いので、建物の多くは石やレンガ造りですが、北部のほうはそれほど暑くないので、屋根は茅葺《かやぶ》きということもあります。茅葺きの家は大変価値が高く、家によっては3億円とか4億円することもあります。昔話に出てくるような家が超高級の豪邸なのです。

なぜ欧州の人々はこういった価値観を持っているのでしょうか？

それは技術が発展して人間が高い建物を建てられるようになってまだ歴史が浅いこと

にあります。人類は高層ビルに住むことには慣れていませんし、土から離れて暮らすのは自然なことではないからです。

欧州では、ゲノム研究やAI（人工知能）の研究が進んでいる一方で、「人は人らしく」という原理原則に沿った生活が好まれます。

それは頑固な考え方でもありますが、理にかなった思考でもあります。高層建築に住むことは人間のメンタルヘルスにもよくありませんし、地面や草花など自然からはなれることで、体内のバクテリアが増える機会を失います。

人間は外で活動すると自然からさまざまなバクテリアを受け取りますが、それらは腸内環境に大変重要なものです。最近の研究でわかりはじめましたが、腸は想像以上に重要な器官で、体全体の健康状態に影響を及ぼしています。ですから人間の健康を考えた場合、やはり自然に近い環境に住んだほうがよいのです。

欧州のお金持ちや教育レベルの高い人たちはそれをよく知っています。ですから田舎の一軒家に住んでおり、あえて農場や牧場の中に家を建てるのです。

非人間的な文明の象徴

さらに、欧州の人々にとっては、ガラスや鉄筋コンクリートで作られた「箱」は、戦後の復興期の効率性と結びついています。

大戦で徹底的に破壊された街は住宅不足に陥り、急ごしらえのコンクリートのビルが数多く建設されました。

今でも1950〜60年代に建てられたビルは現役で、主に共同住宅や市役所として使われています。ナイロン、宇宙、化学、機械化、大量生産というものが賞賛された時代だったので、どれも同じような形、簡素な作りで、日本でバブル期に流行ったコンクリート打ちっぱなしのような建築が主流でした。その背景には、当時盛り上がっていた共産主義思想の影響も強くあり、その代表例がスターリン様式です。

ところが人々が大量生産の虚《むな》しさに気づき、宇宙開発競争が下火になると、未来の希望の象徴であった共同住宅は、移民や低所得者ばかりが住む犯罪の巣窟になり、「箱」は非人間的な文明の象徴として憎まれるようになりました。

その一方で、世の中では、オーガニック、手作り、コットン、木製、アンティークといった自然に近いものが好まれるようになったのです。

大量生産時代のバカさ加減、虚しさは人々を幸せにしないことに気がついた人が多かったのでしょう。

人間としての幸福とは?

人はなぜ富を得るか、人生の意味は何かと考えると、それは自分が納得する生活を送ることであって、人に自慢することではありません。マウンティングに時間を費やすようなことは、人間としての幸福を考えた場合はまったくもってバカげたことです。

しかも日本人は忘れっぽいというか、埋立地に建てた高層建築が地震でどうなるかは、東日本大震災の際によく学んだはずです。停電になれば水が飲めなくなり、エレベーターが止まれば避難するのも大変です。

ですから、日本のタワーマンションの階数格差は、現代日本人の思考の浅さの象徴であり、バカ格差の代表のひとつなのです。

②住む地域のバカ格差

２番目の日本のバカ格差として、「住む地域のバカ格差」があります。

先進国の稼ぎ頭はいまや製造業ではなく知識を扱う産業なのに、日本ではいまだになんでも東京に集中する風潮なのが不思議でなりません。

日本以外の先進国では、知識産業（コンピュータや情報処理などを扱う産業）の人々は特定地域には集まっても、大都市の中心だけに集まるのではなく、郊外にオフィスを構えたり、さまざまな国や地域を移動しながら働いたりすることが増えており、かつてよりも柔軟な暮らし方が当たり前になっています。

実質賃金を考えないバカ

日本は通信インフラが世界最高の水準であり、宅配便の配送も正確で迅速、そのうえ全国どこでも世界的に見て犯罪率が非常に低いという恵まれた環境なのですから、東京へ一極集中する理由はないのです。

確かに東京では「豊かな生活」ができます。都道府県別のデータを見ると、最も収入が多いのはやはり東京都で、平均年収は６０１万円です。しかし、賃金のことを考える際は、「実質賃金」も考えなければなりません。

実質賃金とは、もらったお金を使って、どのぐらいのモノを得られるかということです。これは例えば家賃、食料、電気代、学費、娯楽費などといったものを含みます。

東京は賃金が高いですが、モノの値段も高いので、出て行くお金も多いのです。実質賃金が下がるのであれば、無理して東京に住む必要はありません。

東京と福岡、どちらが豊かに暮らせる？

例えば東京と福岡ではどちらが豊かな生活ができるでしょうか。

東京に住んでいる人にとって福岡は地の果てのような印象かもしれませんが、交通機関が発達しており、交通費も比較的安い日本では、東京から福岡への移動は、例えばアメリカ国内での移動と比べると随分容易なことなのです。

福岡県の平均年収は４５０万円ですが、家賃相場は3万円台です。東京都内だと家賃相場は7万円台。また全国平均の物価水準と比べると、東京は平均より9%ほど高いのですが、福岡は2%ほど安い。つまり福岡の物価は東京に比べて10%ぐらい安いということになります。

福岡ぐらい発展した街であれば、東京並みとはいかずとも商業施設や娯楽もたくさんあるので、刺激がなくて退屈するということもありません。

さらに、日本人が気づかなければならないのは、バブル崩壊後、国の財政が悪化しているにもかかわらず、新幹線の新路線の多くが地方にばかり作られている点です。

便利な新幹線が開通することで、人もモノもお金も地方から東京やその他の大都市に集中し、地元は廃れるというストロー現象が起きましたが、その一方で、地方に住んで、大都市で稼ぐという働き方が容易になりました。

日本の鉄道は新幹線をはじめとして時間も運行も正確なので、近郊の都市から東京に通勤することも不可能ではありません。

東京からほんの少し離れるだけで生活の質がうんと上がることもあります。

1000万円以下で一軒家が買える

私の実家は神奈川県にありますが、かなり奥地のほうに住んでも、東京や横浜までは電車で1時間もかかりません。しかも家賃は東京の半額以下だって珍しくない。駅前に田んぼや畑が広がり、中古一軒家だって探せば1000万円もしないものもあります。

車がなければ生活できないということはなく、バスや電車があるので交通もそれほど不便ではありません。近くに海があり、農園や果樹園もあります。農協の直売所も珍しくなく、都内のオーガニックショップの数分の一の値段で、地元の新鮮な野菜が手に入ります。

東京志向の人々は、東京以外の暮らしについて特に調べることもせず、現地にも行かないので、郊外はまるでチベットの山奥かなにかのような印象を持っています。

しかし欧州やアメリカと比較すると、日本の郊外は驚くほど便利で、不動産も大変安いのです。しかも交通機関がトラブルを起こすこともなく、ストライキもないので、通勤の問題がありません。しかし自分の頭でものを考えない日本の人々は、なんでも東京が素晴らしいと思い込み、低い生活レベルに甘んじています。

このような「住む地域のバカ格差」というのも、日本人の思考の浅さと柔軟性のなさをよく表しているように思います。

③学歴のバカ格差

3番目の日本バカ格差として挙げられるのが「学歴のバカ格差」です。

21世紀の日本においても学歴というのはたいへん重要です。

例えば学歴と生涯年収には大きな相関関係があります。最終学歴が高卒の人と大卒の人では、平均の生涯年収に7000万円もの差があり、中卒と大卒とでは実に1億円近くの開きがあります。

このように、日本では高い学歴は高い収入と結びつくのですが、未だに学歴は単純に「どの大学を卒業したか」という学校名だけで捉えられています。

これは他の先進国の潮流と比べると非常におかしなことです。

学校名は関係ない

欧州でも北米でも、大卒者や大学院卒業者が採用される場合、学校名も重要なのですが、それ以上に重視されるのは、「何を勉強したか」です。

イギリスの場合、大学でコンピューターサイエンスを専攻した新卒者の初任給は600万円を超えますが、文化人類学専攻の新卒者の場合は300万円に達しません。

それどころか文学やデザインを勉強した人たちは仕事がまったくなく、有名大学を卒業していても、1年も2年も就職できないことが珍しくありません。

これは日本のように新卒一括採用という制度がないからです。

新卒枠というものは、あってもごく少数の幹部候補のためのものなので、たいていの場合、企業はその人が「何ができるか」で採用を決めます。

また中途採用で経験のある人を採用するのが当たり前なので、むしろ新卒は、特に付加価値のない若い労働者ぐらいにしか見てくれません。

儲かることが最重要課題で、短期間で利益をあげることが重要なので、長期に渡って人を育てようとか面倒をみましょうという、お人好しな考え方はないのです。

一方で欧州の北部や北米は起業が盛んなので、中卒であっても高卒であっても、アイデアがあれば商売を起こして儲けることが割と簡単です。

失敗に対しても寛容です。例えばイギリスは世界有数の〝簡単に破産できる国〟です。起業で失敗した経験を他の人と共有し、新しいビジネスを始めることも珍しくありません（ただし欧州の南部のほうは、法律が煩雑だったり、失敗に対する寛容さがなかったり、地縁血縁のコネを重要視する社会だったりして、起業はあまり盛んではありません）。

欧州北部や北米は日本以上の学歴社会でありますが、多くの人に挑戦する窓口が開かれている社会でもあります。

それは、日本のように大企業のほとんどが新卒一括採用を慣行しており、一旦入社したら比較的クビになりにくい、という雇用制度からすると大変厳しいものですが、その一方で社会の競争を促進し、万人に機会を与える公平な社会でもあります。

世界的な企業や技術が多数生まれていることからも、この仕組みは、経済の活性化には良いところもあることがわかります。

新卒一括採用の弊害

日本においても現代では機能していない企業も多くなっているものの、一旦就職すれば将来が約束されるという従来の終身雇用制度には、持続性、継続性が保証される、忠誠心のある人を雇えるという良いところもありました。

しかし、社会の活性化という意味ではマイナスの面が大きいのです。バブル崩壊後、日本から世界的な企業が生まれておらず、欧州や北米の店頭から日本製品が消えていっていることを見れば明らかなのではないでしょうか。

「何を学んだか」ではなく、「良い学校に入る」ことばかりを重視し、暗記ばかりさせ、受験のテクニックを仕込む日本の教育は、世界の変化に対応しておらず、今後ますます日本の活力を削ぐことになるでしょう。

将来的に日本は少子高齢化で労働人口も若年人口も激減することがわかっています。そんな中で日本はほかの国の仕組みにどんどん飲み込まれていくでしょう。

日本から報酬の高い仕事が減り、海外に働きに行く人も増えていくはずです。日本で卒業した学校名さえ言えば働かせてもらえるほど海外の世界は甘くありません。「何ができるか」が重要なのです。学校名ではなく、働く上で武器となる知識や技能を身につけさせることは、子どもに日本のビジネスパーソンとして一生を終える以外の選択肢を与えるだけではなく、将来の日本におけるリスクヘッジにもなるのです。

④お金のバカ格差

4番目の日本におけるバカ格差は、「お金のバカ格差」です。

日本人の多くは世界に広がっている格差の実態をよく理解していません。日本の中ばかりを見ているからです。

36億人分の富が62人の富豪に集中

イギリスの非営利団体であるオックスファムは、2016年に、世界の富豪上位62人が持つ資産が、世界の人口のうち経済的に恵まれない下位半分、なんと約36億人分の資産総額に等しいと発表しました。

上位62人は、5年前には388人だったので、短期間でより少数に富が集中したということです。2010~15年の間に富裕層の富は44%増大し、カナダのGDPに匹敵する金額になってしまいました。

マイクロソフトの創業者ビル・ゲイツの純資産は推定792億ドルで、ベラルーシとスリランカのGDPを合わせた額より多く、メキシコの実業家カルロス・スリムの純資産は、レバノンとウルグアイのGDPを合わせたより多い771億ドルです。

一方で、同時期に下位50%の人々の資産は41%も減っています。

なぜここまで富裕層の富が爆発的に増えているのでしょうか。

これは情報通信技術の発達や交通の発達により、もともと資産を持っている人々がより多くの富を得られるようになったことに関係があります。

発展途上国も含め、多くの国では投資を呼び込むように規制が緩和され、金融投資が以前より自由になりました。また多くの批判にさらされているにもかかわらず、租税回避が可能なタックスヘイブンの仕組みは益々活用されるようになっています。

富裕層は、租税回避専門の税理士や弁護士を雇い、個人信託や海外にある会社を使って資産を守り、納税を回避しているのです。

ＩＴの発達により、資産を移動したり投資をしたりすることが以前よりも容易になりました。以前は資産の再配分に熱心で、投資に対して保守的だった北欧の国々やドイツですら同様です。

富を持つ人はより豊かになる流れになっています。

富裕層から税金がとれない

富裕層から高い所得税や相続税を取って、それを貧困層の福祉に回したり、社会インフラの建設に使ったりする「富の再配分」は、80年代以後希薄になっています。

例えばアメリカは２０１７年９月に法人税を35％から20％に削減し、所得税率は三段階に改正。富裕層の所得税を減らす一方で、低所得者の所得税は10％から12％に引き上げたのです。

イギリスでは1980年代までは高額所得者の所得税は70%近かったのですが、現在は最高で45%です。

これは日本も同じで高額所得者の所得税はかなり低い数字になっています。

先進国では、富裕層や稼ぐ力のある人たちにどんどん稼いでもらい、仕事を作ってもらうことを期待しているため、政府は富裕層を優遇する税制にしているのです。また富裕層の税金を高くすると、富裕層や優秀な人が海外に出て行ってしまうと思われているので、かつてのように所得税を急激に上げることができません。

その代わりに低所得者には福祉で還元すると言っていますが、ここ数年の緊縮財政でどこもそれは縮小しています。

広がる格差

2000年以降、グローバル化が進んだことにより、企業はより高い利潤を求めて、付加価値の低い仕事、機械化できる仕事、工場で処理するような仕事を、賃金の安い国や街に移転してきました。

その結果、先進国に残ったのは戦略を作る仕事、営業やマーケティング、企画、品質管理などです。そしてそういった仕事に携わる、いわゆるナレッジワーカー（知識労働者）は、たくさんは必要ないため、中流ホワイトカラーの仕事も、労働者階級の仕事も減りました。

知的生産物を生み出す側の人たちは、世界展開することや新興国で作ったり売ったりがやりやすくなったので、ビジネス規模がより大きくなった結果、多くの報酬を手にするようになりました。

このような動向を牽引《けんいん》するのは政府や秘密結社ではありません。市場の力です。市場とは、消費者と株式市場に投資する人たちのことも含みます。自然な流れなので、止めることはもはや不可能です。世界の人々の欲望がこの流れを作り出しているのです。

それはスーパーで1円でも安い魚の切り身を買いたい我々であり、100円ショップの商品の品質に文句を言う我々であり、牛丼500円セットの値上げに怒る我々です。

日本人はこのような世界的な格差拡大自体を自覚し、どうしたら自分の生活を守れるのか、資産を増やすことができるのか、富裕層をよく研究したほうがよろしいように思います。

格差が悪いと嘆いていても、自分の雇用は守られませんし、資産を増やすことはできません。評論家でいるのをやめ、主体的に行動を起こすときなのです。

⑤情報のバカ格差

日本人が直面するバカ格差の中で、最も深刻なもののひとつは「情報のバカ格差」です。自分が巻き込まれていることに気がついていない人があまりにも多く、また、損していることを知らない人も多いのです。

AIやIoTが働き方を変える

MITのスローン経営大学院で教鞭をとるエリック・ブリニョルフソン教授とアンドリュー・マカフィー教授の『機械との競争』(日経BP社)という本では、情報のバカ格差が、いかに富の偏在を産み出すかということがよく説明されています。

世の中を大きく変えてきた機械は、産業革命の蒸気エンジン、電気、ガソリンや軽油を使う内燃機関と変遷し、人力の代わりとなって生産効率を上げてきました。

その機械の中心は、現代ではコンピューターですが、発展途上であり、どこまで進化するのか予測がついていません。

特にＡＩやＩｏＴ（Internet of Things……あらゆるモノをインターネット経由で通信させる仕組み）の登場は、ホワイトカラーや中流層の働き方を大きく変えていく可能性があります。

両教授は、ＩＴの急速な発達によって労働市場の需要と供給が大きく変化し、これがアメリカにおける失業率の低下を困難にしていると主張しています。

例えば製造業の工場であれば、機械が導入されると人間の手が必要なくなるので、単純作業をする労働者の需要は下がりますが、反対に、機械をプログラミングしたり直したりする人、工程を考える人の需要は増えます。

しかし、プログラミングのような仕事ができる人は、数学やコンピューターサイエンスの専門教育を受けた人に限られ、その数は多くはありません。

そういった人は数が少ない上、技術も特殊なので、優秀な人には高い給料を払わなければ仕事をしてもらえませんが、機械にものを入れるような単純な仕事は誰にもできるため、賃金は下がります。

現代の労働者の需要と供給には、各人のスキルの差、ごく少数のスーパースターと一般人の差、さらに、資本と労働の分配率の変化が大きく関わっており、それが格差拡大につながっているというのです。事実、アメリカにおいて、大学院卒の給料はこの30年間に大きく伸びたのに対し、高卒の給料は減少しています。

また1983年から2009年の間に、米国世帯のトップ20％の所得は上がっていますが、下位80％の所得は下がっています。

ITを使いこなした人たちはさらに豊かになっているのです。

つまり、稼げるのは、プログラミングのような分野であり、コンピューターを使いこなせる人間は益々高い報酬を得られ、そうでない人は困窮していくということを理解しているか、そしてそのようなスキルを身に着けたかどうかで、貧富の差が明確になってしまう、という未来が実現しているのです。

「情報のバカ格差」、要するに知っているか知らないかで、這い上がれるか、滑り落ちるかが決まるのです。

ＩＴで稼ぐ人、カモになる人

もう少し身近な例で考えましょう。

例えば、ネットを使いこなして自営業で物販をしたり、ネットオークションで「せどり」をしたり、アフィリエイトをうまく使いこなしたりすることで、エリートビジネスパーソン以上の報酬を稼いでいる人たちがいます。

これもＩＴを使いこなすことで豊かになる方法ですが、コンピューターの電源の入れ方さえわからない人は稼ぐ機会を見逃しているわけで、「情報のバカ格差」の典型です。

これは株式投資、為替取引、先物取引、インデックス投資なども同じで、ＩＴを使いこなすほかに、投資に有利な情報をネットや商用データベースなどから収集し、稼ぐ方法を知っていれば、自宅から一歩も出ないで巨額の富を得ることが可能です。

さらに、「情報のバカ格差」を知っている人たちは、知らない人たちにさまざまな嘘の情報を売りつけて儲けます。

怪しい健康食品、読むだけで頭が良くなる本、見るだけで金持ちになれるＤＶＤ……。自分で調べる力があり、リテラシーが高ければすぐに嘘だとわかることでも、知識がなければ簡単にカモになってしまいます。

日本の書店やテレビでは、間接的な殺人と呼んでも差し支えないようなインチキ健康情報や治療法が野放しであることも多く、そういうものを信じたがために健康を害してしまった人もいるわけですが、これも「情報のバカ格差」の典型です。

コンピューターを使いこなせる人、使いこなす方法を知っている人、コンピューターから適切な情報を得られ、分析できる人たちが今後はより豊かになっていきます。

暗記力が優れていても、計算が早くても、そんなことはコンピューターに任せれば良いので、なんの付加価値もありません。試験で高得点を取れるよりも、ネット広告の仕組みを理解し、儲かる仕組みを作る人のほうが豊かになれる時代です。

それに気がついていない日本人は、今日も子どもにせっせと計算ドリルをやらせて時間を浪費しているのです。

第2章　仕事のバカ格差

会社名のバカ格差

日本のビジネスパーソンがさらされているバカ格差の代表は「会社名バカ格差」です。所属している会社が大きく有名であればあるほど、社会的に大きなブランドと信用を得られてしまう日本。そこには個人の能力を見ようとする視点がありません。20世紀の現代においてもいまだに主従関係を中心とした封建社会のままなのです。

なぜこんな社会になったのでしょうか。

文化人類学者の中根千枝やエドワード・ホールが指摘するように、日本は個人主義ではなく、集団主義の国です。

集団主義の国とはつまり、個人が「所属する組織で判断される」国だということです。

集団主義の社会は伝統的に農業を主体としてきた社会です。農作物を作るのには地域の人と助け合うことが必須。農地に水を引くにも一人では大変ですし、田植えや収穫の時期には交代でほかの家を助けに行かなければなりません。

普段から協力し合うには、勝手がわかっている地縁や血縁のある人同士のほうが楽です。そこで、他人と会ったときに、まず「どこの村の人か？」「どこの集落の人か？」「共通の親戚はいるか？」などと確かめ、その人が所属している地域で人を判断する習慣が身に染み付いているのです。

日本だけじゃない！　集団主義の国

これは日本だけに限らず、例えば中東の湾岸地域や北アフリカ、ナイジェリアやケニアといった地域では、どの部族に所属しているのかということが大変重要になります。

就職の際にも起業の際にも、友達を作るのにも、とにかくどこの部族に所属しているかが重要であり、それは土地によっては国籍よりも重要だったりします。同じ部族が国境をまたいで住んでいることもあるからです。

アジアの場合も同じで、中国では地縁や血縁といったものがビジネスの成功を左右します。インドネシアやマレーシアでも同じです。

こういった社会では地縁や血縁でその人の背景が確認されれば物事はスムーズに進みます。煩雑な契約や手順を踏むよりも、コネが確かならビジネスがうまくいくので、北米や欧州北部のビジネスよりも楽だという面もあります。
ただしコネがなければ地獄のような世界です。

会社名が個人のラベルになる

日本の場合は19世紀に欧州や北米から法治国家の制度を輸入し、近代国家の体制を整えました。

工業化により国の経済の主体は農村から都市部へと移り変わりました。特に戦後の高度経済成長期には多くの人々が仕事を求めて農村部から都市の工業地帯へと移住してきました。それによって当然のことながら、人々の生活の場も移り、社会の中心が農村から都市に移っていきます。

そこで起こったことが、農業が主体だった時代に個人を判断してきたラベルづけの変化です。

生活の場が都市に移り、個人のラベルが「村」や「集落」から、「どこの職場に所属しているか」に変わってきました。つまり個人が、どの会社に所属するかによって判断されるようになったのです。

日本においては21世紀になっても社会における生活の仕組みというのが「会社に雇用されて働くこと」が基本になっているので、所属先の企業の確認＝個人の確認なのです。

しかしなぜ会社が村や集落の代わりになったのでしょうか。

会社が生活を保証してくれた高度成長期

1950年代～の高度成長期には工業が産業の中心だったために、数多くの働き手が必要でした。製造業の中でもとりわけ多くの人を雇用する産業です。

そこで国も会社も多くの人の長期雇用を確立しました。大規模な雇用が安定し、社会は、政府が担うはずの社会福祉を会社がカバーすることを前提としていました。

例えば手頃な住宅ローン、さまざまな割引制度、財形貯蓄制度、子ども手当、配偶者手当、格安な社宅、保養施設、会社で実施されるお祭りやサマーキャンプやコンサートといったものです。

こういった企業が提供する福利厚生は組織の規模が大きければ大きいほど豊かです。

つまり高度成長期には、大企業に就職することはクオリティーの高い生活が保証されたのと等しかったのです。

またこういった会社は、従来は雇用が安定していましたし、日本の労働法では北米や欧州北部のような解雇制度は実現していませんでしたので、一旦採用されれば長期の生活の安定が保証されました。

大きな会社の社員であるということはそれだけ豊かな生活を送っている人間だという証明になったのです。

これは結婚相手を探す未婚の女性にとっては大変魅力的なことでしたし、お金を貸す金融機関や物を売りつける小売企業にも良い顧客として認識される条件でした。

こういった社会の前提があるため、就職先を探す学生にとっても、何の仕事をやるかというよりも、どの企業に所属するかということが大変重要な意味を持ちました。

いまだに新卒の就職活動時に人気企業ランキングといったものが発表されて、多くの学生が特定の企業に集中します。

日本企業の大凋落

ところがここ20年の間に日本企業の置かれた立場はずいぶん変わってしまいました。情報通信産業では北米や欧州北部、中国に追い抜かれてしまい、家電業界での地位もずいぶん凋落してしまいました。

少し前に中国の家電メーカーであるファーウェイが新卒に月給40万円出すことが話題になりましたが、日本以外の先進国では驚くような条件ではなく、専門性の高い理系の学生を採用する場合の市場価格です。専門によってはその倍を出すこともあります。

日本企業の給料は他の先進国に比べるとずいぶん安くなってしまったのです。

日本の製造業が凋落した結果、一方的な解雇はせず、終身雇用が前提だと言い張っていた企業も比較的大きなリストラを行うようになりました。SANYOのように破綻した企業もあります。直接的な解雇をする代わりに、陰湿な左遷をして精神的に追い込み、自主退社を促すような企業も出てきました。

さらに重要なのは非正規雇用の人の割合がぐんと増えたということです。

厚生労働省によれば２０１６年には働く人のうち非正規雇用の人の割合はなんと37・5％です。１９８４年には15・３％だったのが、30年余りの間に約２・５倍にも増えたことになります。

非正規雇用の人は徐々に増えているので、近いうちにおそらく労働者の半分以上に達するでしょう。製造業の会社の場合、正社員はたったの２割という部署があったりします。

つまり会社というものがかつてのように安定した存在ではなくなり、大企業や優良企業であっても、正社員の椅子は限られ、しかもリストラもあるので、生活の質を長期にわたって保証してくれる存在ではなくなってしまったのです。

ところが日本人の考え方や感覚というのは急に変わるものではありません。

景気が良かった頃の感覚を抱えたまま、いまだに会社が個人の生活の質やアイデンティティーを保証してくれると思い込んでいる人が数多くいます。特に昭和の高度成長期を支えた世代は時代の変遷についていけない人も多く、子ども世代に大企業至上主義の価値観を押しつけることもあります。

ですから実質的に考えると、専門やアイデアを武器に個人事業主や自営業として働いたり、今伸びている分野のベンチャー企業に所属している人のほうが、大企業に勤める人よりもはるかに報酬が高く、資質も優れているにもかかわらず、従来的な考え方のまま、大企業に入れば一生安泰だと考えるような人が大勢いるのです。

リストラ前提で働く

一方で他の先進国では「どこの会社で働いているか」ということはあまり重要ではありません。

なぜなら比較的雇用規制が厳しい欧州北部であっても、北米であっても、会社は簡単にリストラをするので、大企業であれ、中小企業であれ、基本的に雇用が安定していないからです。

さらに公務員であってもかなり大胆なリストラが行われます。

例えばイギリスの場合は軍隊でも数万人単位でのリストラを実施することがあります。

地方自治体も予算が足りなくなれば部署ごと解雇してしまいます。解雇した人の仕事は海外に外注したり、廃止してしまったりするのです。

私の義母の友人の息子さんはイギリス陸軍の兵士でしたが、リストラで失業してガソリンスタンドでアルバイトをしていました。

なぜこのようなことが起こるのかというと、組織の幹部になる人たちが予算を削減したり、効率を高めたりすると、高額なボーナスを得られるからです。

幹部職にも実績連動給が導入されており、実績が数字で見えやすいほど報酬が高くなります。大学や軍隊のような組織でもボーナスが出るので、短期間で結果を出しやすいコストカットやリストラが盛んなのです。実績を出した幹部たちは、それを手土産に次の企業に移籍してさらに高額な報酬を得ます。

労働者側もリストラは当たり前だと承知しているので、会社というのはあくまで一時的に稼ぐ場でしかありません。大企業で働いているからといって高い報酬や安定した雇用が保証されているわけではないことを理解しているのです。

むしろ大企業のほうが、株主や投資家の厳しい目に晒《さら》されており、幹部は短期間で実績を出そうとするので、雇用が不安定になってしまうこともあります。だったら自営業を営んだり、個人のコンサルタントとして比較的割高な非正規雇用で給料をもらいながら、企業を渡り歩いたほうが得です。

ですから、こういった地域において個人の判断材料は、その人は何ができるのか、その人が実際にどのぐらい稼いでいるか、どのぐらい資産があるか、人間的に面白い人かということになります。所属しているのが大企業だろうがベンチャー企業だろうが、個人事業主だろうが、あまり関係がありません。

金融機関からお金を借りる場合も同じで、借金や住宅ローンの金利はその人がどこで働いているかということよりも、どのぐらい稼いでいるか、どこに住んでいるか、前年どのぐらい稼げたのか、過去にお金をきちんと返済したか等々、「個人の活動に関してのこと」が査定の対象になります。

働いている企業の名前はあまり関係がないのです。

結婚相手を探すにしてもわざわざ公務員を選ぶような人はあまり多くはありません。

相手が公務員であっても雇用が安定していないのですから、どこでも稼ぐ力を発揮できるような人を選ぶことが多くなります。

こういった傾向は北米や欧州北部だけではなく、台湾や中国大陸といった中華系の文化の影響が強いところも似ています。

一方で韓国やインドでは地縁や血縁も大事で、どこの組織に所属しているかということも重要視されることがあります。どちらも権威主義なところがあり、就職する際は大きな組織を好む人が少なくありません。そういった点では若干日本と似たところがあるかもしれません。

いずれにしろＡＩやＩｏＴで世の中が大きく変わっている時代に、いまだに高度成長時代の感覚で会社名によって人を分類する日本人は時代錯誤なのではないかと思います。

これこそ日本人を苦しめるバカ格差のひとつであります。

出世のバカ格差

日本のビジネスパーソンを苦しめるバカ格差のもうひとつの代表格は「出世のバカ格差」です。

日本のビジネスパーソンと話すと面白いなと思うのが、その会話の大半が出世競争に関する内容であることです。

「あの部署の○○さんが出世した」「隣の部署の○○さんが取締役とゴルフにいった」「同期の○○さんが部長になった」「○○支社の○○さんが今度新しいプロジェクトに投入されるようだ」といったことを酒の席で延々と話しています。

どうやら、「誰がいくら稼いだか」ということではなくて、「誰がどういう地位に就くか」「誰と誰が仲良しか」ということが重要らしいのです。

誰がどこに転職していくら給料が上がったか、どこの企業はこのプロジェクトだと日給いくらだ、といったお金に関することは話題になりません。誰かが起業したとか、新たにこんな活動を始めたといった、社外の活動に関する話よりも、社内の人事の話が大好物です。

日本のビジネスパーソンというのはこのように「誰が出世したか」に大変こだわる人たちのようです。

「同期」が気になる日本人

日本の多くの会社では今でも新卒一括採用が行われています。するとと同じ年齢の人が同じ月に一緒に入社して、いわゆる「同期」がいる人が多くなります。他国と比べて転職があまり盛んではないので、同期の多くがずっと同じ会社で働くことになります。横並びで比較されるからか、同期が出世したのかどうか、どういったポジションで働いているかどうかということを気にする人が多いようです。

正社員の場合、一応は終身雇用が前提になっていますので、会社側は同期の人たちが同じ程度に出世するように気をつかう面もあるのでしょう。誰がどのぐらいの業績をあげたのか、何を売ったたか、という個々の実力での評価になっていません。

ですから日本の組織には部下がいない「なんとか課長」や「何部署付」「なんとか代理」といったよくわからない肩書きの人たちがたくさんいます。

マネージャーの仕事をしていないのになぜか肩書きがマネージャーだったりします。仕事内容自体は実は新卒の人でもできるものなのに、報酬はシニアマネージャーレベルといった人も大勢います。やっていることと肩書きが一致していないのです。

これは日本の組織における管理手法が旧態依然としており、ロジックが伴っていないことに原因があります。

ある程度の役職まではみんな一緒に昇進させるためにあからさまな差をつけない、というやり方は、変化の激しいビジネスの世界においてはまったく妥当ではありません。

さらに適材適所でもないのです。機械をいじるほうが得意な人にマネージャー職をやらせたり、ものを書くことが得意な人に営業をやらせたりしています。人それぞれ得意なこと不得手なことがありますが、特性やスキルを無視して年次で昇進させたりしているのです。

大手商社の場合は30代になると完全な実力主義となって能力で役職やボーナスが変わることもありますし、最初から実力主義を押し通しているところもあります。しかしそういった組織は日本全体で見ると珍しいほうです。

日本企業の昇進のロジックは日本の外から見ると謎だらけです。

給料が大事なイギリス人

北米や欧州北部、中国だと、重要なのは肩書きだけではなく「いったいどのぐらいの報酬がもらえるか」です。

大変実利主義なイギリスの場合は、大学の先生であっても大学の役職に就くよりも高い報酬を得られる職場を好むことが多いです。ですから学会で先生方の集まりに行っても、話していることは「いま大学でいくらもらっているか」という現実的なことです。

高い給料を得られるなら、どんどん転職しますし、海外の大学にも行ってしまいます。民間企業に行く人も少なくありません。

肩書きや世間体よりもあくまでお金のほうが重要なわけです。ですから誰がどのぐらい出世したかということを気にする人は、日本に比べるとうんと少ないように思います。

とにかく日本企業における昇進の格差というのはそもそも前提になる仕組みというのがバカげているのですから、そんなことを悩むのは人生の無駄というものではないでしょうか。

悩む暇があったら老後資金をどう貯めるか考えることに時間を費やすべきでしょう。

派遣と正社員のバカ格差

日本が長らく停滞している問題のひとつとして「派遣社員と正社員のバカ格差」があります。

現在日本の労働者の半分近くが非正規雇用です。非正規雇用の労働者の中には派遣社員の人もいればアルバイトやパートの人もいます。

非正規雇用は他の先進国でも増加しているのですが、日本の場合は正規雇用と非正規雇用の間にかなり大きな賃金格差があることが大問題です。このような格差は日本経済の停滞を引っ張っていると言って間違いありません。

一番の問題は、そもそも非正規雇用というのは正社員ではできない仕事をする助っ人としての役割だったのでありますが、日本の場合は雇用の調整弁として企業が人件費を節約する手段になってしまっていることです。

非正規雇用には二種類ある

そもそも日本以外の先進国の場合は、非正規雇用には大きく分けて二種類あります。

ひとつ目は特殊専門家として企業や大学などでプロジェクト単位で仕事をする必殺仕事人のような専門家のこと。

ふたつ目は日本のアルバイトやパートの人と同じように、時間単位で就労する人のことで、サービス業や単純作業といった比較的付加価値の低い仕事をこなします。

ひとつ目の「専門的な技術や知識を持った非正規雇用」というのは、日本ではあまりなじみがないかもしれません。

こういう人たちは技能を持った人が不足している組織にやってきて、数週間から数ヶ月単位で仕事をしていきます。こういった特殊技能のある人たちの人件費は最初からかなり高いのですが、組織のマンパワーの穴を埋める形で必要不可欠なので、企業や大学は追加の賃金を払うことが当たり前になっています。

非正規雇用のほうが稼げる! イギリスのIT業界

例えばその筆頭がIT業界です。

イギリスの場合を見てみましょう。

IT業界では「IT Jobs Watch」というサイトが有名なのですが、このサイトを見ると、職種別の需給状況や報酬、人気のあるスキルなどがわかります。

一般公開されている求人の内容や、わかる限りでの報酬を拾ってまとめたものです。非公開求人や、個人事業主と企業が直接契約を結んでいる場合の報酬まですべてわかるわけではありませんが、大まかなトレンドの把握には役に立ちます。

まず職種として最も人気があるのは開発者です。正社員の場合、報酬中間値は45000ポンド(675万円程度)で、総求人に対する割合は30%程度。ここ3年で変化はありません。

正社員ではなく、コンストラクタ(契約社員)、要するに非正規雇用として働くのも一般的なのですが、その場合は日給の中間値が450ポンド(6万7500円程度)で、ここ数年は年に10%程度増加しています。契約の場合、月に22日働くとすると月収は約149万円、年に11ヶ月働くとすると年収1640万円程度です。

個人事業主の場合、イギリスの確定申告でも個人年金、保険、交通費、食費、勉強会の費用、書籍代などを経費として申請することが可能なので、サラリーマンよりも税金が得になります。

契約の賃金上昇が何を表すかというと、開発者は恒常的に人が足りず、IT業種も好況だということです。景気が良いとIT系職種の人は正社員ではなく契約で働く割合が増えますので（そのほうが儲かるため）業界にとって良い傾向なのです。

なお私の現場的な感覚からすると、このサイトの情報はあくまで公開情報を扱ったものので、イギリス全土の中間値を元にしているので、ロンドンの特定業界では実際の報酬はもっと高めになります。

人材が不足しているプラットフォームや言語の場合、報酬は開発者側の言い値に応じるようなケースもあります。

正社員は、建前上は雇用期限がない分、契約よりも報酬が安いのが当たり前で、あえて契約社員を選択して働く人が大勢います。

契約の場合は雇用が1年や半年ごとですが、仕事の供給は大量にあるので、さまざまな会社を渡り歩くことを心配する人はあまりいません。個人事業主の人もいますし、親方一人の会社としている人、人材派遣会社経由の人と、その形態はさまざまです。会社と直接契約を結んでいる人も珍しくありません。

人材派遣会社経由の場合、日本と違うのは中抜きがかなり少ないことです。あまりひどいことをすると人材を確保できなくなるので、派遣会社もその辺は心得ています。

このように、イギリスのような先進国では非正規雇用の人であってもその報酬はその時々の需要と供給で変わってきます。

これはどういうことかと言うと、市場がまともに機能しているということです。

需要が高ければ賃金が上がり、低ければ下がるのです。情報通信産業の市場が活性化しており、人材が不足しているアメリカの場合はイギリスよりもさらに報酬が上がります。

非正規雇用者を安くこき使うバカ

ただし日本にもこういった非正規で働く専門家がまったくいないわけではなく、外資系のＩＴ企業ではこういったコンサルタントを雇うことがあります。

また日本では人材が不足している病院が多いので、研修医や、どこかの病院に雇用されている医師がほかの病院にアルバイトとして週に何回か勤務することがあります。あくまで臨時の雇用ですので、割り増しの賃金が払われます。

ただし日本では他のホワイトカラーの職種ではこういった人は多くありません。一旦非正規として雇われると、技能のある人でもなぜか正社員以下の賃金が払われてしまいます。

例えばＩＴ業界の場合、アメリカで年収１５００万円も得られるような人が、非正規雇用だと年収３００万円とか４００万円です。

このような格差がなぜ起こるかというと、雇用する企業が非正規雇用者の賃金を不当に安く設定しているからです。

また企業と正規雇用者の間に人材派遣会社が入ることが多いのですが、その中抜きがひどく、適切な賃金が支払われていないわけです。

さらに別のセクションでも述べましたが、日本の組織では職務の分担というのが明確ではなく、報酬とスキルが合致していません。

例えばシステムアナリストに営業や事務作業をやらせたり、ひどい場合は顧客対応や経理までやらせたりしていることがあります。

システムアナリストというのは業界独特の仕事のプロセスだけではなく、それをシステムに置き換えたらどうなるか、といったことを想定しますので、ＩＴとビジネス双方の専門知識を持った専門家です。営業や単純事務に比べると相当の教育訓練が必要ですし、個人のセンスも問われます。時間単位のアウトプットの価値は単純事務よりもはるかに高いのです。ですから、専門以外の業務をやらせるのは効率が悪いのです。

一言で言えば人的資源の投入先が不適切であり、無駄遣いをしているということです。

日常生活に例えると、時速３００キロで走れるスポーツカーで田んぼを耕すようなものです。畑を耕すにはコンバインのほうが効率が良いですし、スポーツカーよりも値段が安いので、お金をより効率的に使うことが可能です。

非正規雇用のバカ格差が組織を崩壊させる

正社員と非正規雇用の人の仕事がほぼ同じ場合、このような人の無駄遣いが組織力の低下につながります。意欲の低下、職場の調和の乱れ、生産性の低下を招くのです。

誰でも不公平に扱われたら気分を害しますし、だんだんやる気もなくなってしまいます。精神状態は健康にも大きな影響を及ぼしますから、不公平に扱われる人が多い職場では、病欠や長期休職の人が増えてきます。

そういったアンハッピーな人が多い職場の雰囲気というのは全体の生産性にも大きな影響を及ぼします。

ですから非正規雇用の人を不当に扱うと、短期的には人件費の節約として企業が得をするように思えるかもしれませんが、中長期で見ると組織全体が悪化するわけです。

透明性と公平性というのは組織の健康を維持するために大変重要なわけですが、派遣社員と正社員のバカ格差を解消しない日本の組織では、それが企業全体の活力の低下として表れているのでしょう。

男女のバカ格差

日本における仕事のバカ格差として忘れてはならないのが、男女で賃金格差や仕事内容の差があるということです。

厚生労働省の２０１６年の調査によると、フルタイムで働く女性の平均賃金は月額24万４６００円で、男性の賃金の73％でした。

男女格差はこの20年で10ポイント縮まってはいるのですが、他の先進国に比べると依然として大きな差がついています。

男女格差が世界ワースト3

経済協力開発機構（ＯＥＣＤ）の２０１４年の調査では、日本の賃金の男女格差は加盟国の中で韓国に次いで２番目に大きくなっています（エストニアと同順位）。

ベルギーやハンガリーの男女格差は数%であり、主要先進国の場合は女性の賃金は男性の賃金の80%以上です。

このような賃金格差や仕事内容の格差がなぜ起きるかというと、日本の働き方に関係があります。

長時間労働が前提なので、女性が出産後に正社員からパートに切り替えるということが起こり、上級管理職として高い報酬を得る機会がなくなってしまうのです。

子どもがいた場合、1日10時間も13時間も働くことは現実的ではありませんから、どうしても賃金の安い非正規雇用やパートに切り替えざるを得ません。

次に、日本政府は男女の賃金格差に対する罰則がゆるく、訴訟の数が少ないことも原因です。

例えば訴訟社会のイギリスでは、性別や人種による賃金格差を労働裁判所に訴えることが頻繁にあります。

1950年代から移民が大量に増えたため、イギリスは差別禁止に関する法律が整えられ、男女の賃金格差も、人種や宗教、障害による差別などと同じような差別要件とし

図表4 年齢別に見た男女の平均賃金水準(年齢別)

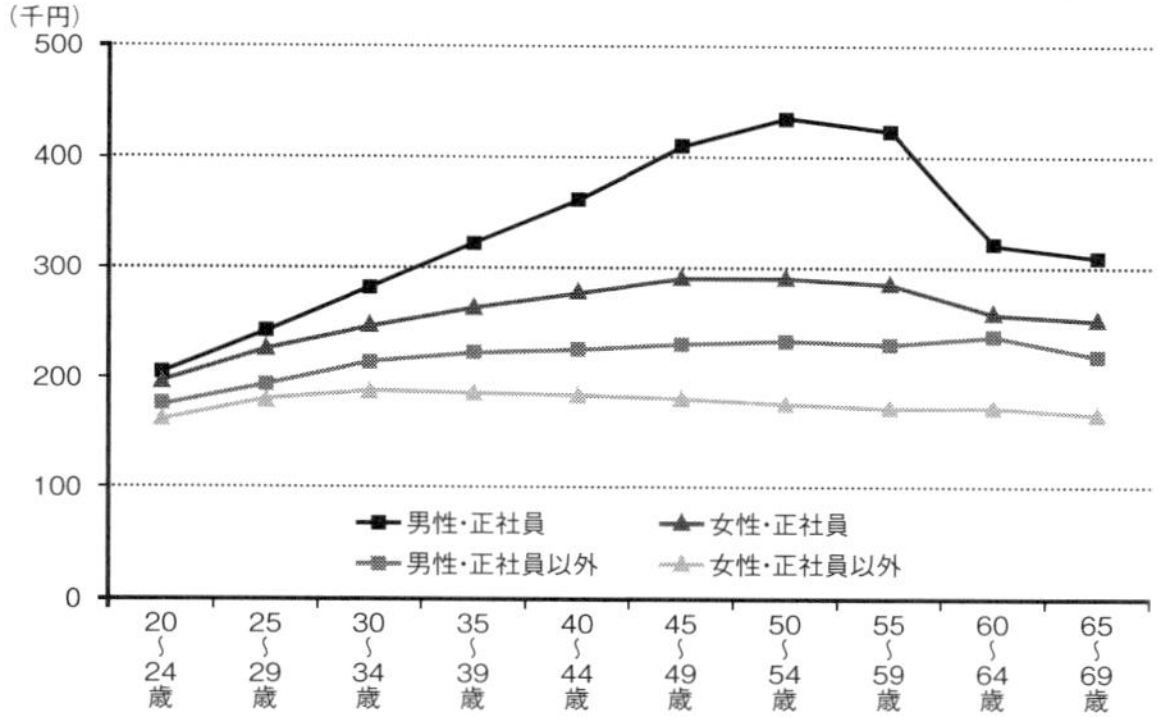

(出所)厚生労働省(2014年)「平成26年度賃金構造基本統計調査」
(注)全企業・産業全体が対象。

図表3 主要先進国におけるフルタイム労働者の賃金格差 —男性の賃金を100とした時の女性の賃金割合—

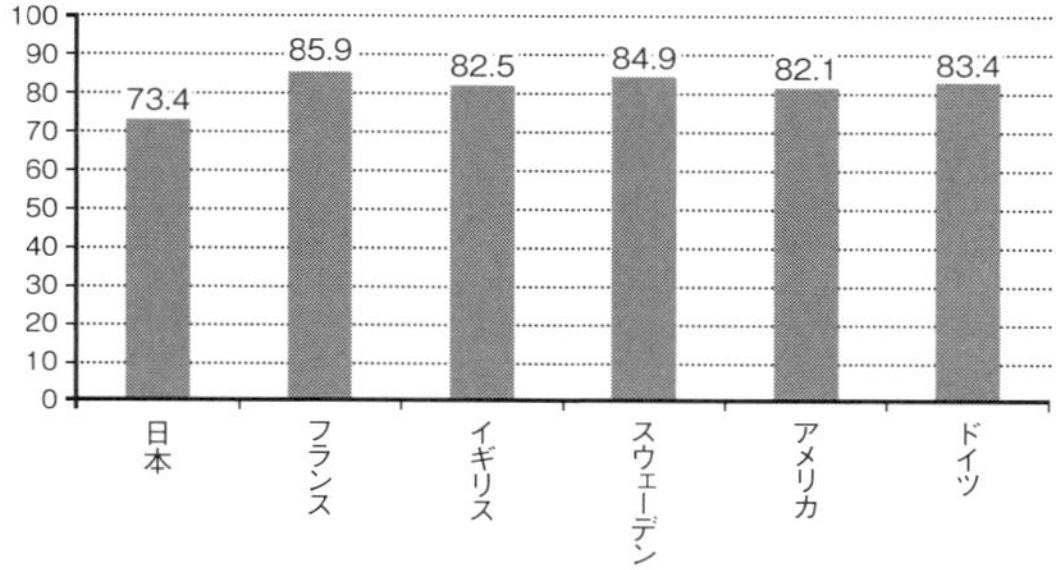

(出所)労働政策研究・研修機構「データブック国際労働比較(2015年)」より作成。
(注)データはフランス(2010年)、スウェーデン(2012年)。これら以外は2013年時点。
フルタイム労働者の中位所得における男女賃金格差。

て扱われます。

企業にとっても訴訟は大きなリスクであるため、労働争議を避けるために内部監査として賃金平等監査を行います。また従業員を平等に扱っている良き企業であることを、投資家や政府、潜在的な求職者にアピールして企業価値を上げるというインセンティブもあります。

さらに、日本では北米や欧州北部のように仕事の分担がきちんと整備されていないという問題もあります。職業別賃金が徹底していないので、男女間の賃金格差が発生してしまうのです。

日本でも製造業の製造ラインといった仕事では分担がかなり明確です。細かく分業しなければ精密な機械を作ることが不可能だからです。

ところがホワイトカラーの仕事やサービス業の場合はこの分担がかなり曖昧です。大企業であっても職務の分担をきちんと明確化した職務記述書といったものがないところもたくさんあります。

私の専門のひとつがＩＴのガバナンスという仕事なのですが、その中に仕事の分担を明確化したり、職務記述書を整えるという作業があります。

その作業をすることでいったい誰がどんな仕事をどのぐらいこなしているかということがわかります。これはその組織における人件費や、作業にかかる時間、組織の設計、仕事の流れといったものを計算するのに大変重要です。

仕事の分担を明確化すると、ホワイトカラーであっても、「誰が」「いつ」「何を」やっているかがわかるので、報酬の適正化が可能になりますし、無駄な作業、重要な作業もはっきりします。

男女関係なく誰が何をやったか、その作業はどんな付加価値を生んだのかもわかるので、性別で賃金を決めることは合理的ではなくなります。

つまり、日本の男女の賃金格差は、経営手法の問題でもあるわけです。

反抗しない日本女性

さらに、日本の男女の賃金格差には文化的な問題があることも無視できません。

私の外国の友人たちや元同僚たちの意見を総合しますと、日本においては、はっきり言って女性のほうが優秀であるというのです。

日本の女性は大変忍耐強く仕事に取り組みます。立場が弱いのにもかかわらず文句を言わず、低い報酬にも耐え、さらに家庭内のこともきっちりとこなして生活をしています。

北米や欧州北部の女性、中国の女性が日本女性のような立場に置かれたら何が起こるかというと、職場に対して訴訟を起こしたり、嫌な事は嫌だとはっきり言って反抗したりするでしょう。

また家庭においては日本女性のように細々《こまごま》とした家事をやれと言われたら怒って出て行ってしまうでしょう。海外の女性は日本に比べると大変強く、我慢はしないのです。日本女性は、小さい頃から「良い子でありましょう」「従順でありましょう」といった教育を受けます。

ですから反対意見を言ったり反抗したりということに慣れていません。弱い立場に置かれることが当たり前で、それを正しいことだと思い込んでいます。

さらにその一方で弱い立場に置かれることを好む女性というのも少なくありません。

結婚して子どもを持ったら専業主婦になるかパートの仕事しかしたくないという人もかなりいます。大きな責任を持って家庭と仕事を両立するよりも楽だという実感があるのでしょう。

女性がずっと働くのが当たり前の社会

女性が社会進出を果たしている欧州北部や北米の場合はそうもいきません。結婚した女性であっても体が健康であれば働きなさいといわれます。

特に社会保障や保育支援制度が整っている北欧諸国の場合は税金も高いですから、妻が働くことが前提です。子どもは安く預けるところがあるのだから働くのは当たり前でしょうという考え方なのです。

女性だからあえて賃金の安い仕事や楽な仕事をしなさいという考え方も気薄です。女性であるからということが免罪符になりにくい社会なのです。働かないことや専業主婦になること、パートとして単純労働することが選択しづらいわけです。

つまり社会進出が支援されるということは、女性自身も自分を厳しい立場に置かなければならないということです。

日本の男女のバカ格差は、日本社会の非効率の縮図です。

少子高齢化問題の解決のために、同職種同賃金を徹底し、性差による差別は解消すべきですし、女性が強くなることも大事です。

戦わないと権利は得られないのです。

休日のバカ格差

日本を苦しめるもうひとつの問題は「休日のバカ格差」です。

ここまで述べてきた通り、日本には「正規雇用と非正規雇用の賃金格差」「男女の賃金格差」といったものがありますが、それ以外にも、働く環境によって「休日の格差」というものが存在しています。

有給休暇が取れない中小企業

日本の職場では個人が休暇をとるのが難しいため、国が飛び道具として祝日を増やしてきましたが、暦通りに休みを取得できる職場とそうでない職場との格差も存在しています。

日本の年間の休日数は大体「120日以上」になります。

関東ではこの「休日120日以上」の会社が8割以上ですが、それ以外のところでは6割未満の会社が120日以下です。

厚生労働省が発表した「平成23年就労条件総合調査結果」によれば、平成22年の1年間に企業が付与した年次有給休暇日数（繰越日数は除く）は、労働者一人当たり平均17・9日でしたが、実際に取得した日数は8・6日で取得率は48・1％です。

そもそも全体の有給休暇取得率が低いのですが、企業規模によっても格差が存在しています。

有給休暇は企業規模が大きいほど取得率が高くなっています。

厚生労働省の調査によれば、企業規模別に見ると、従業員1000人以上の会社が55・3％、300～999人の会社が46・0％、100～299人の会社が44・7％、30～99人の会社が41・8％となっています。

つまり中小企業では有給休暇の取得が難しいのです。

中小企業は大企業に比べ人数も少ないですし、企業としての資本的な体力や内部留保も限られています。不安定なところが多いですから、少しでも仕事を休んだりスピードを落とせば売上高が減ってしまいます。

ところが大企業の場合は収入が安定していることが多く、特に規制産業の場合はお金は絶対入ってくることが決まっているので、余裕をもって仕事をすることが可能です。

したがって就労環境がいわゆるホワイト企業になり有給の取得率も上がるわけです。

業界による有給格差

業界によっても休暇に大きな差がついています。

以下は、「ダイヤモンド・オンライン」2014年4月25日掲載の「トップ業界とワースト業界では格差3倍⁉ 〝有給取得率〟の高い業界・企業ランキング」という記事の抜粋です。

トップ業界とワースト業界を見ていくと、有給格差がはっきりしています。

調査対象データは「Ｖｏｒｋｅｒｓ」に２０１０年2月～14年2月に現役社員から投稿されたレポート2万３１７４件。社員として１年以上在籍した企業の情報であり、５００文字以上の自由回答と同社が定めた８つの評価項目に回答、という2つを条件にデータを回収しています。

●〝有給取得率〟業界ランキング〈ベスト25〉 ※順位、業種、消化率（％）の順

１ 通信、ＩＳＰ、データセンター 61・57

２ 自動車、自動車部品、輸送機器 58・67

３ 監査法人、税理士法人、法律事務所 57・26

４ 電力、ガス、エネルギー 54・54

５ クレジット、信販、リース 50・85

6　制御システム、組込みソフトウェア　50・75
7　官公庁、独立行政法人　50・64
8　ＣＲＯ、ＳＭＯ、ＣＳＯ　49・63
9　航空、鉄道、運輸、倉庫　49・27
10　総合電機、家電、ＡＶ機器　48・77
11　ゲーム関連、玩具　45・06
12　銀行（都市・信託・政府系）、信金　45・04
13　ＳＩｅｒ、ソフト開発、システム運用　44・84
14　投信投資顧問　44・35
15　日用品、化粧品　44・19
16　介護、福祉関連サービス　43・70
17　コンピュータ、通信機器、ＯＡ機器関連　42・37
18　インターネット　42・32
19　人材、コールセンター、業務請負　42・21

20 重電、産業用電気機器、プラント関連 41・93
21 コンサルティング・シンクタンク 41・58
22 通信販売 41・33
23 情報サービス、リサーチ 41・28
24 総合商社 41・18
25 化学、石油、ガラス、セラミック 40・70

●〝有給取得率〟業界ランキング〈ワースト22〉

1 フードサービス、飲食 22・18
2 不動産関連・住宅 22・33
3 住宅設備、建材、エクステリア 22・42
4 建築、土木、設計、設備工事 22・55
5 インテリア、雑貨、文具、スポーツ 26・75
6 教育・研修サービス 26・99

7 理容、美容、エステティック 27・43

8 広告代理店、PR、SP、デザイン 30・04

9 放送、出版、新聞、映像、音響 30・96

10 病院、医療機関 31・97

11 食品、飲料 32・25

12 印刷、紙・パルプ、書籍、パネル 32・30

13 小売(百貨店・専門・CVS・量販店) 32・64

14 鉄鋼、非鉄金属 33・61

15 証券会社、投資ファンド、投資関連 36・14

16 機械関連 36・70

17 医薬品、医療機器 37・35

18 旅行、ホテル、旅館、レジャー 37・39

19 学校法人、財団法人、社団法人 37・46

20 ファッション、アパレル、繊維 38・21

21　半導体、電子、精密機器　39・48
22　生命保険、損害保険　39・79

トップとワーストの業界を比べると、有給取得率の差は実に3倍です。

トップ企業の多くは大手の製造業や情報通信業、金融など、いわゆる規制産業が多く、官公庁など公的な団体も含まれています。通信業界がたっぷり含まれているのはちょっと驚くところがありますが、日本の通信業界は官公庁の仕事を長期契約で受けることも少なくなく、大企業では実務は何重にも組織された下請け企業に投げるだけというところも多いので、仕事の実態は激務とはほど遠いことが多いです。

エネルギーや輸送系の業界の場合は年間を通して受注する仕事の規模が大きいので、それだけ体力があります。

一方、ワースト22のランキングには1位の「フードサービス、飲食」を筆頭としてサービス業や営業が絡むような業界が集まっています。

こういった業界は人を相手にしますので、仕事の予測が難しいことがあります。さらに官公庁など大口の顧客を持つ通信サービスやエネルギーといった業界に比べると、たくさん働かないと儲からないという仕組みです。

企業別の有給格差

企業別でも有給の取りやすさの格差がはっきりしています。
自動車会社や輸送、通信企業は明らかに有給消化率が高いのです。

●有給休暇取得率ランキング　3年平均

1　ホンダ　101・5
2　ダイハツ工業　98・5
3　ケーヒン　98・0
4　テイ・エス　テック　95・8
5　トヨタ自動車　95・0
6　関西電力　94・5

7 ショーワ 94・2
8 ダイキン工業 93・0
9 中国電力 92・1
10 トヨタ車体 91・3
11 日産自動車 90・0
12 旭硝子 89・9
13 アイシン精機 89・9
14 小田急電鉄 89・9
15 豊田自動織機 89・8
16 NTN 89・4
17 東海理化 89・2
18 富士重工業 89・2
19 相鉄ホールディングス 88・7
20 NTTドコモ 87・1

２０１４年版！「有給休暇取得率」トップ３００
（「東洋経済オンライン ２０１４年3月19日」）

つまり日本では有給が取りにくいとは言われているのですが、それは企業によるという話であって、ホワイト企業と呼ばれる会社では有給をしっかり取ることができているのです。

ところが問題は、こういったホワイト企業は新卒一括採用が多く、新卒時に入社しない限り、その良い環境を享受できないということです。

また大企業ではいまだに終身雇用制度が慣行としてあり、年功序列ですから、例えば能力のある人が中途入社で入ってきて働くということも簡単ではありません。

新卒一括採用でホワイト企業に入社できないと、有給休暇の取得さえ難しいサービス業界や中小企業に入らざるを得ないわけです。リカバリーが利かず、進路変更もできないという柔軟性のなさが日本のビジネスパーソンの悲惨なところです。

このように「休日格差」というのは上級市民と下級市民という二つの階層が存在している日本の実態を反映しているのです。

ＡＩに仕事を奪われたあとに訪れる、仕事のバカ格差

最近「Ｂｌｏｏｍｂｅｒｇ」に掲載されていた「Is Your Job About To Disappear?: QuickTake」という記事が興味深かったのでご紹介します。

これは、アメリカで消えると思われる仕事を、労働省の統計を元にまとめたものです。従来発表されているものは未来予測のようなものが多いのですが、この調査は、過去20年の全米の雇用動向を追い、各職業の平均年収も含め、かなり細かく可視化しているのが興味深いです。

同記事では２０１７年にアメリカで消えた仕事の実数も発表されていますが、その内容はかなり衝撃的です。

トップは伝統的なテレコム業界の仕事ですが、同時期にアメリカで消滅した仕事のなんと40％はデパートやスポーツ店などの小売業でした。

オンラインで買い物する人が増えているため、小売店舗が消えているのです。

さらに、新聞や出版、半導体、印刷関連の仕事も激しく減少しています。

この調査結果を見てわかるのは、将来消えると言われている仕事は、ここ20年で賃金や仕事の数が下がっているという事実です。

将来消える仕事

小売業界や出版業界を見てわかる通り、時間をかけて少しずつ、着実に仕事が減っているのです。気がついたときには自分の雇用がない、という状況の人が少なくないわけです。

それに気がついたら早めに転職するなり、身を置く業界を変えるなりといったアクションが重要でしょう。さらに、かなり多くの仕事は作業の単純化や自動化が可能になっていることがわかります。

店員や機械オペレーターなど、従来は自動化が難しかった仕事も、ＡＩや自動運転の発達で自動化が容易になります。レジなどはすでに自動レジが導入され始めていますが、イギリスの場合は、例えば大手書店チェーンの「Waterstones」がその代表で、レジの大半がセルフの店もあります。

その一方で、自動化や定型化の難しい仕事はむしろその賃金も需要も増えているという事実があります。

自動化が進めば進むほど、定型化の難しい仕事の付加価値が上がるというわけです。

複雑な仕組みを考えたり、デザインや複雑な事柄の執筆、教師、カウンセラー、介護士など、人の心や感覚に訴える仕事は消えるどころか将来性があります。

オリジナリティのある仕事、発想がものをいう仕事、コミュニケーションが重要な仕事、人の心を読む仕事は今後ますます重要性が高くなるということですね。

将来性のある仕事

以下はこの調査で提示される仕事の将来性です。

ご自身やお子さんの職業選択の参考にされると良いかもしれません。日本の雇用市場も必ずアメリカと似たような経路をたどるはずです。

●将来が危うい仕事

〈現在収入は多いが、将来性が危ぶまれる職〉

会計士、福利厚生管理者、クレジット分析専門家、その他保険関係職、ローン審査、不動産営業、法人営業

〈現在収入は少なく、将来性が危ぶまれる職〉

銀行事務、ローン事務、保険事務、建設機器オペレーター、食品製造労働者、警備員、ファストフード店員、レジ、ホテル受付、カフェ店員、その他建設および製造業機械操作者やライン作業者、薬局店員と事務員、メイド、清掃員、クリーニング店員、バーテンダー、皿洗い、単純な調理をする料理人、テクニカルライター、ゲームやＩＴライター

●将来性のある仕事

〈現在収入が多く、雇用の将来性が保証される仕事〉

ＣＥＯ、博士号保持者、起業家、数学者、生物学者、作業療法士、システムエンジニア、ソフトウェアエンジニア、機械エンジニア、データベース管理者、コンプライアンス管理者、ビジネスアナリスト、医療研究者、大学事務員、薬剤師

〈現在収入は低めだが、仕事が自動化されず、雇用が保証される仕事〉

幼稚園教員、保育士、教員、講師、レク指導者、宗教指導者、森林管理者、コーチ、獣医、理学療法士、リハビリ専門家、フラワーアレンジャー、虐待カウンセラー、ソーシャルワーカー、介護士、消防士、ダンサー、美容師、イベントプランナー、グラフィックデザイナー、広報専門家、栄養士、救急救命士、修理人、土壌専門家、作家

〈コラム〉需要の高いＩＴの仕事

北米や欧州北部では、ＩＴ業界においては非正規雇用の人が契約社員として活躍し、大企業の管理職よりも遥かに高い報酬を稼いでいます。

特に需要が高いのは開発者です。

イギリスにおける人気スキルのランキングは以下です。最初の数字は順位、次は募集総数、次は割合です。

(1) 24961（45・59％）JavaScript

(2) 23876（43・61％）Agile Software Development

(3) 21754（39・73％）C#

(4) 20674（37・76％）.NET

(5) 20575（37・58％）HTML

(6) 18763(34・27%) CSS
(7) 17383(31・75%) SQL
(8) 15674(28・63%) SQL Server
(9) 15205(27・77%) MVC
(10) 14966(27・34%) Java

「Harvey Nash」の調査では、42%の大手企業CIOは、ビッグデータとアナリティクスの専門家が不足していると答えており、採用を増やしていくとしています。

IT業界以外でも、データ分析を行える人、分析プラットフォームを使用できるといったスキルのある人の需要も高いです。オランダ、デンマークなど欧州北部ほどビッグデータ系の人材の需要が高まっています。

ドイツの場合、製造業が強いことから社内ITや制御系のソフトウェアエンジニアなど、若干産業寄りのIT系の仕事の需要が増えますが、他の国と同じく人材は不足気味です。報酬はイギリスより低いことが多く、ロンドンに出稼ぎに来る人がかなりいます。

スイスもドイツと若干似ており、データアナリティクスやファイナンス系よりも産業系のＩＴの仕事が増えます。

北米もＩＴ系人材はかなり不足しています。カナダの場合、移民の受け入れに積極的ですが、政府は不足しているスキルを持った人材にはビザをすんなり出してくれます。そのような職業は公式に発表されています。

ＩＴ系だと需要が高いスキルのトップは開発者です。次いでソフトウェアアーキテクト、フロントエンドの開発者、Ｊａｖａ開発者など開発系が上位を占めますが、システム管理者も足りていません。

また適任者を見つけるのが最も難しい仕事の一位はモバイル系開発者で、次いでアナリスト、ｉＯＳ開発者、シニアシステムアドミニストレーター、アンドロイド開発者、プログラムマネージャーなどで、開発以外のスキルも足りていません。

つまりＩＴ業界は全般的に人不足ということです。

アメリカのＩＴ業界も恒常的な人不足ですが、最も雇われる可能性が高いのが開発者、ついでサポート、セキュリティ、クラウド、アナリティクス、ウェブ開発、データベース、プロジェクト管理、ビッグデータ、モバイル開発となっています。

ヘルプデスクの場合でもＴｉｅｒ３担当（技術的対応をする人）で６５０万円から１０００万円ぐらい稼げるのが相場で、開発者だと年収２０００万円超えの人などがゴロゴロしています。

このようにどこでもＩＴ系人材は不足しているのですが、その理由は、報酬が安いからというよりも、とにかくスキルを持った人がいない、ということに尽きます。

例えばカナダの場合はＩＴ系の専攻は全学生の中で５％程度と少ないので、どうしても国内の人材だけだと足りません。

イギリスも同じで、コンピューターサイエンスや数学、物理、電気工学などは学位を取るのが大変で避ける学生も多く、マーケティングや心理学などにいってしまう人が多いために人材不足となり、企業側も国も困っています。有名大学を出ていても文系専攻だと就職がないのですが、ＩＴ系だと引く手数多《あまた》です。

IT系の職種は日本に比べると遥かに就労環境は良く、報酬も高いですし、デスマーチ（ソフトウェア開発における過酷な状況）はほぼ皆無、有給もバッチリとれます。つまり日本の感覚でいうとホワイト企業ばかりなのですが、技術や市場の変化が激しく、付いていくのが大変というストレスもあるので、就職を避ける人も少なくありません。

そもそも不足している開発者の場合、海外では大学で高等数学などを専攻したスキルレベルの人が求められるので、どうしても人材不足となっているのです。

第3章　生まれついてのバカ格差

出身地別のバカ格差

日本における格差には「出身地別のバカ格差」というものがあります。

日本では誰もが平等だという意識を持っていると思うのですが、東京の中心に生まれた人と、過疎化した地方に生まれた人とでは、受け取る情報量にも、人生の選択肢にも大きな差があるのではないでしょうか。

平等のように思えていても、実際は生まれた場所、住む場所によって最初から人生に大きな格差があるのです。

東京と地方の格差

出身地別の格差で真っ先に思い浮かぶのは、東京と地方の格差です。

日本では、オフィスや物理的な店舗で働く人がたくさんのお金を稼ごうと思ったら、疑うことなく東京に住む他ありません。東京とその他の地域の経済的な格差が顕著だからです。

しかし、第1章で述べたように、自営業や在宅勤務など、どこでも仕事ができる人の場合は、福岡や沖縄など物価の安いところで働いても東京や他の国の大都市標準の報酬を得られますから、東京に住む必要はありません。地方に住んだほうが得です。在宅勤務が広がっている英語圏や投資家の間では、すでに地方や郊外に住むのがトレンドになっています。

典型的なのは投資家で、例えば世界的に有名なウォーレン・バフェット氏も住んでいるのはマンハッタンやシリコンバレーではなく、ネブラスカ州オマハというアメリカの田舎町です。彼は巨額の資金をこの田舎町から運用しているのです。

しかし、会社に通勤しなくてはならない人や、工場で働く人、店舗や病院でお客さんを相手にする人、大学や学校で生徒を相手にする人などの場合は、残念ながらバフェット氏や、他国に住んでロンドンの仕事をするエンジニアのような生活はできません。特に日本の場合はまだまだプレゼンティズム（オフィスに物理的に存在すること）が重要ですから、なかなかこうした働き方が広がっていないのも事実です。

話を元に戻します。今の日本で、東京圏と地方の格差を拡大化させている原因は、東京への人口集中です。

　高度成長期に数多くの人が地方から東京に移ってきたことはよく知られています。その時代、ビジネスパーソンの多くは、マイホームを求めて東京郊外へ引っ越していきました。

　また、通勤圏内の神奈川県や埼玉県は東京都心ではありませんが、ビジネスパーソンの場合は、日中のほとんどの時間を東京で過ごすわけですから、東京圏（英語で呼ぶとグレーター東京といいます）に住んでいることになります。通勤時間が長いだけで実質東京に住んでいるようなものですから、ここ最近も「東京圏」の人口はどんどん増えていっているのです。

　日本の人口は２００８年の1億２８０８万人をピークに、その後は減少しています。２０１５年には1億２７０９万人にまで減りました。

　総務省の予測によれば、２０５０年までに、現在人が居住している地域の約2割が無居住化します。また、現在、国土の約5割に人が居住していますが、２０５０年までに約４割にまで減少します。すべての都道府県で人口が減っているのです。

ところが先述したように、現在の東京圏に関しては、日本の人口減少とは反対の傾向を示しています。

なんと毎年11~12万人が増えているのです。

1995年には日本の人口のうち東京都に住んでいる人は9・2%でしたが、2015年には10・6%まで増えています。

さらに細かく見ると、東京の中でも都市部に人が集中していることがわかります。市町村部は3・0%から3・2%の増加でしたが、23区は6・3%から6・9%の増加なのです。特に中央区、港区、千代田区などの都心のエリアは伸び率が大きく、3~4割ほど伸びています。

また大変興味深いのが、東京都における子ども人口の増加です。

少子高齢化の日本では子どもの数は全国的に減っているのですが、東京では増えているのです。その数はなんと100万人を超えます。

人口の変化に影響を及ぼす要因には大きく分けて二つがあります。「社会増減」と「自然増減」です。

「社会増減」とは、人が引っ越すことによって人口が増えたり減ったりする現象です。

「自然増減」というのは人が生まれたり亡くなったりすることで、人口が変わることです。

東京都の場合は人口が増えている理由はこの「社会増減」です。

さらに東京都の人口は4月など年の節目に増加していることがわかります。子どもの入学や、若者の入社、進学といった理由で引っ越して来る人が多いのです。

なぜ東京だけ人口が増えるのか

東京都の、特に都市部の人口がどんどん増えていく理由はなんでしょうか？

一番の理由は「東京に仕事がある」ということです。

20年ほど前から、情報通信技術の発達で様々な場所で仕事ができるようになり、在宅勤務や遠隔勤務ができるようになると思われていたのですが、日本の場合、実態は正反対で、地方に仕事が増えることはなく、仕事は大都市に集中するようになっています。

これは東京都内でも同じで、より大きな富を得られる仕事が都市部に集中しているのです。

もうひとつの理由は「ライフスタイルの変化」です。

実質賃金が低下したことと、正規雇用の仕事の割合が減ったことにより、ライフスタイルが変わってきました。

従来のように郊外にマイホームを構え、夫が都心の会社に通勤して、奥さんは郊外でパートの仕事をするといったスタイルでは、生計を維持することが難しくなっているのです。

高学歴女性ほど都心に住む

さらに、女性の社会進出が進み、従来に比べると正社員や専門職に就く女性が増えたことも原因のひとつと言えます。

バブル時代には20代から30代の女性は就学のために東京都に大量に転入しても、卒業後は親のいる地元へ帰る人が多かったのですが、２０００年以後は学校を卒業しても東京に残って就職したり、就職で東京に転入してくる女性が増えるようになります。

高学歴女性は医療・福祉産業、教育・学習支援業、金融・保険業などサービス業に従事することが多く、製造業に従事する割合は少ないようです。また高学歴女性は、その専門性やスキルから、中小企業よりも大企業や官公庁、各種団体で働く人が多くなっています。

東京は巨大都市ですから、仕事の数も多く、特に知識産業や官公庁、その他のサービス業も全国から集中していますので、どうしても高学歴の女性は東京で働くことになるわけです。

実際に私の友人や知人の中にも、元々は関西圏や九州で働いていたのが、やはり東京のほうが就労機会が多いということで東京に引っ越して、マスコミや外資系企業で働いている方が何人かいます。

ところが東京の中心で働くことは女性にとって簡単なことではありません。特に結婚して家庭を持つと、ライフスタイルの変化により様々な制限が出てきます。

フルタイムの仕事と子育てを両立しようと思うと、郊外から通勤するという生活は不可能です。朝のラッシュアワーに子どもを連れて毎日満員電車に乗ることはできませんし、郊外の自宅近くにある保育園に子どもを送り届けてから通勤しようとすると、とても時間が足りません。かといって郊外の自宅近くには自分のスキルを活かせるような仕事はあまりありません。その結果、職場に近い都内23区に住む人が増えているのです。

23区でも特にオフィス街やその近くで0～5歳の人口の増加が目立ちます。

東京都の統計によれば、2010年から2017年の増加率トップ3は中央区、港区、千代田区で、特に上位二区では毎年500～600人、割合でいうと毎年5～7％増えていることがわかります。

もちろん練馬区や大田区など住宅街が多い地区は元々0～5歳の人口が多いのですが、中央区、港区、千代田区は元々子どもの数が少なかったので、増加率が高くなっているわけです。

つまりこの数字が示すのは、女性の社会進出が進み、東京で専門職に就いたり高いスキルが必要な仕事をする人が増えたために、働きながら子育てをするために都内に引っ越してくる人が増えているということです。

かつてのような郊外に家を構えて夫だけ都内に通勤するスタイルは減っていっており、

現在では高い教育を受けた女性ほど都心部で働くために夫婦で都心に住むようになっています。

このような傾向が顕著になったのは2000年以降であるということは大変注目すべきことだと思います。

2000年以降というのはインターネットの使用率が爆発的に増え、グローバル化がグッと進んだ時代だからです。同じ頃に他の先進国では、ITなどの知識産業に従事する専門家の実質賃金が増え、製造業の仕事はどんどん海外に移転するようになります。

給料が低過ぎる地方

地方と東京の賃金格差は大変大きく、稼ぎたいと思えば東京で働くほかありません。地方ではとにかく仕事がありません。比較的報酬の高い仕事を求めようと思うと病院や市役所、大学といった公的な組織などしか選択肢がないのです。

地方のハローワークに行くと、例えば月の手取りが12万円とか14万円といった仕事が正社員でも珍しくありません。非正規雇用の社員やパート、アルバイトだともっと低い金額になり、月の手取り10万円、８万円といったケースも見られます。

このような水準の賃金は決して東京からかなり遠い地方の話ではなく、例えば都内まで車で2時間もかからない千葉県の外房の地域や、群馬県、茨城県といった地域でも珍しくはありません。

この賃金水準は、今や中国や東南アジアの中規模の都市でも稼げるレベルですし、欧州の場合はイタリア南部の僻地《へきち》や中欧の中進国と変わりません。

それだけ日本の地方の賃金というのは厳しくなっているのです。

県内でもバカ格差

このように東京と地方の格差はどんどん広がっているのですが、さらに同じ県内であっても大きな格差が広がっているという現実があります。

同じ県内であっても、住む場所が異なると、賃金の格差も大きく開き、教育の機会や文化的な生活に大きな差がついてしまうわけです。

神奈川県内の格差

神奈川県の例を見てみましょう。

神奈川県は東京都に隣接しているため、ベッドタウンとして大きな発展を遂げてきました。県央や東側は京浜工業地帯ですから、県内には製造業を中心として多くの仕事があります。自動車産業をはじめ、精密機械や光学機械といった産業も盛んです。都心に近いため、SONYやリコーといった大きな会社や、IBMの研究所などがあります。

その一方で神奈川県には江の島や鎌倉といった人気の高い海辺の町もありますし、葉山の御用邸もあります。西側にいけば大山や丹沢山地があるため、週末にちょっとしたハイキングを楽しむことも可能です。

このように自然にも恵まれており、都心への通勤もしやすいため、神奈川県は全国でもずっと上位の人口を維持できています。人口減の日本でも神奈川県の不動産売却価格は緩やかに上昇を続けています。

神奈川県の人口は年に8000人ほど増加しています。人口の増加は社会増減によるもので、川崎や横浜などの都市部を中心に、今後10年ほどは増加を続けていくと考えられています。

ところがこのように全国的に見て人口が集中する神奈川県であっても、県内に様々な格差が存在しています。

神奈川県の学区別収入格差

神奈川県に存在する格差のひとつは収入格差です。

不動産ビッグデータでビジネスを展開する「スタイルアクト」が公表している「神奈川版 年収の高い学区」の調査結果を元に、神奈川県の学区別平均年収ランキングを見てみましょう。

この調査は国勢調査と住宅土地統計調査をもとに作成され、全世帯から単身者や夫婦のみと推定される世帯を除外したものですが、上位を占めるのは、川崎市や横浜市など東京に近い位置になっています。ここでは三つの政令指定都市を対象に、各区のランキングで一位だった学区同士を取り上げてみます。

●神奈川版　年収の高い学区（政令指定都市別小学校区各一位）

1位　川崎市宮前区　宮前平小学校　（1044万円）
2位　横浜市青葉区　荏田西小学校　（1034万円）
3位　横浜市泉区　緑園西小学校　（979万円）
4位　川崎市麻生区　栗木台小学校　（958万円）
5位　横浜市中区　元街小学校　（956万円）
…
28位　相模原市中央区　青葉小学校　（694万円）

最も年収の高い学区となったのは、川崎市宮前区の宮前平小学校区でした。

同社によれば、この地区では国家公務員宿舎や大手企業の社宅に居住する世帯が多く、学区内世帯の10％を占めており、神奈川県平均の3％よりもはるかに高くなっています。

東京都内に通勤しているこのような人々が平均年収を押し上げているのです。

1位の川崎市宮前区の平均年収は28位の相模原市中央区の1・5倍です。

年収の高い学区は不動産の価格が高いので、収入が高くなければ居住することができません。地方や郊外に比べると物価も高く、収入が少ないと生活が厳しいのです。

こういった地域には教育熱心な親が集まっているので、進学に関する有益な情報が簡単に得られたり、有名校への高い合格率を誇る塾が近所にあったりします。

逆に年収の低い学区に住んでしまうと、教育に関する良い情報がなかなか手に入りません。近くに塾もなかったりして、進学に関してハンデを負ってしまいます。

さらに、このような地域は横浜市や東京都内への通勤が楽ですから、高収入の仕事をする機会に恵まれます。ところが同じ神奈川県であっても県央より西側だと通勤が大変ですから、子育てと都内への通勤を両立することはほぼ不可能になってしまいます。住むところによって雇用機会の格差が生まれるということです。

つまり子どもを将来高い年収を稼ぐ大人にしたいと思うのであれば、年収が高い人々が集まる地域に住まなければなかなか難しいのです。

住むところによって最初から格差は固定されてしまうということです。

茨城県内の格差

神奈川県の他にこういった格差が目立つのは茨城県です。

例えば県南部のつくば市や守谷市はもともと地理的に近い千葉県や東京都に通勤や通学をする人が多かったのですが、2005年につくばエクスプレスが開業してからは人口がぐっと増えています。

人口が増えてきたことによって、街の開発が進みました。つくばエクスプレス沿線にニュータウンが出現し、大規模な店舗も増えています。開発が進むことによってより多くの人が引っ越してくるようになり、ますます街が発展しています。

例えば守谷市の人口は2004年から2009年までの5年間で12・2%も増えています。

このような人口の増加の理由は、神奈川県の年収が高い地域と同じで、都内への通勤が容易なので、高収入の人々や子育て世代が集まってくるのです。

東洋経済新報社が毎年発表している全国の都市の「住みよさランキング」を見ても、この地域の人気がわかります。

ランキングは各都市の住みやすさを「安心度」「利便度」「快適度」「富裕度」「住居水準充実度」で評価したもので、全国の788都市の評価を行っています。

このランキングでは守谷市が5位、つくば市が15位にランクされています。つくばエクスプレスによって都内への通勤が楽になった上に、沿線に活気があることと関係があるのは間違いありません。

ところがその一方で、同じ茨城県内でも水戸市を中心とした北部では人口が減少しています。大型店は撤退し、開発は進んでいません。山間部に至っては過疎状態です。この地域は近隣に日立市や、ひたちなか市があり、日立製作所関連の仕事が多かったので戦前には人口が増えていたのですが、県南部の勢いには比ぶべくもありません。

こういった茨城県の県内格差は、日本社会における産業の移り変わりを反映していると言えます。

現代で最も高い収入を得られるのは、サービスや知識産業に関わる人たちであって、高度成長期のように多くの人が製造業に就き、安定した収入を得られるという時代ではなくなったのです。

その傾向は1990年代からあったのですが、ここ10年ほどでそれが顕著になっています。

親の教育で生まれるバカ格差

「住む地域の格差」以外にバカ格差を生む要因として、実は重要なのは「親の教育で生まれるバカ格差」があります。

大竹文雄著『日本の不平等　格差社会の幻想と未来』(日本経済新聞社)という本を読むと、格差に関する絶望的な現実がよくわかります。

日本人の格差というのは年々広がっており、特に資産と収入の格差は年を追うごとに大きくなっていくのです。

なぜなら資産というのは時間が経つほど大きくなるからです。家の価格や証券、年金といったものは、若いときよりも年を取ったときのほうが差が大きくなるわけです。

スタートラインで差があると、年をとってから挽回するのはかなり難しくなっています。

また日本では、歳をとってから大きな資産を築く人というのは、その多くが土地や建物などの資産を親から受け継いだ人たちです。親が亡くなる年齢になると資産価値が跳ね上がっている場合が少なくありません。

日本は相続税がずいぶん高くなったのですが、それでも親から受け継ぐものによって個人の資産に大きな差がついています。

父親の職業で子どもの将来がほぼ決まる

日本人の間に差がつく資産はこういった家や建物といった資産だけではありません。

実は「教育」が大きな格差を生む相続資産となることがわかっています。

佐藤俊樹著『不平等社会日本　さよなら総中流』(中公新書)という本に掲載されている、日本の階層研究を読むとかなり絶望的な状況がわかります。

本書には1955年から実施された日本の階層に関する調査が掲載されていますが、戦前や戦後すぐの頃は父親の職業と子どもが就く職業、さらに将来得られる報酬には大変強い相関関係がありました。

子どもが親と同じ職業に就くのが当たり前だったのです。

例えば資産家の親を持つ子どもは資産家になり、軍人の子どもは軍人になりました。大工の子どもは大工になり、農家の子どもは家業を継ぐのが当たり前でした。

今に比べると職業の選択肢がうんと限られていましたし、引っ越しも簡単ではありませんでした。進学率も高くなかったので、教育で階層の垣根を超えることが簡単ではなかったのです。

しかしそんな日本にも転機が訪れます。

1955年頃には父親がホワイトカラーの上級管理職の人と、そうではない人が、ホワイトカラーの上級管理職になれる可能性は10倍もの差がありました。

ところが高度成長期に入り、その相関性はどんどん下がりました。1975年頃になると、その比率は4倍ほどになり、努力すれば企業の管理職になったり、専門職に就いて高い報酬を得られる確率が高くなります。

また1955年には非熟練労働者のブルーカラーの子どもがブルーカラーになる確率はかなり高かったのですが、1965年以降はその半分以下になります。

企業や官公庁に雇用されているホワイトカラーの人々は、努力すれば、親の数倍の報酬を得られ、マイホームやマイカーを持てるという社会になっていたのです。

1970年以降は日本では「一億総中流」という言葉が流行り、1970年の総理府の国民生活に関する世論調査では、自分が中流だと答える日本人が全体の9割を超えました。

つまり日本人は社会がより平等になったと感じていたのです。

根本はあまり変わっていない

ところがこの調査は詳しく見ていくと、もっと深いことがわかります。

平等化が進んだと思われた1985年の調査を見ると、40歳のときにホワイトカラーの上級管理職である人は、その人が15歳のとき、父の職業がホワイトカラーの上級管理職であった確率がなんと95％なのです。

15歳の時点で父親がホワイトカラーの上級管理職であった人と、父親が非熟練労働者であった人を比べると、子どもがホワイトカラーの上級管理職になる確率というのは3倍近くの差があります。

1955年の状況と比べると、徐々に平等で開かれた社会にはなっていたのですが、しかしまだまだ、親の職業と子どもの職業には強い相関関係が残っていたということです。

現在の格差は戦前に比べればずっとマシなのですが、その根本というのは実はあまり変わっていません。

子どもの職業や収入は父親の職業や生まれた家庭環境が大きく関わっており、階級というのはよほど努力しない限りは相続されてしまうものなのです。

「子どもだけ高学歴」は難しい

社会格差というものが日本で騒がれ始めたのは1990年代の終わりでしたが、それはアメリカやイギリスといったアングロサクソン諸国での出来事であり、なんとなく他人ごとのような空気がありました。

しかしその頃から日本にも格差は存在しており、親の教育レベルは相続資産として子どもの将来にも大きな影響を及ぼしていたのです。

今日の日本では戦前に比べれば生まれた家庭による格差は小さくなり、様々な職業に就くことが可能ですが、父親の職業・収入、教育レベルが子どもの教育や職業に影響を及ぼすという傾向は変わっていません。

さらにこれは日本だけではなく、イギリスや北米でも同じような調査結果が出ています。

教育というのは家庭の環境に左右されますので、子どもが高学歴になる家庭というのは、親自身が高学歴で勉強をする習慣があったり、教育を尊重する文化というものがあります。ところが子どもが高学歴にならない家庭では、親に教育の効果を理解する文化がありません。学歴を得る手段が近くにあったとしても学問を尊重する文化がないのですから、そういった手段に近寄ることが後押しされませんし、手助けもされません。

こういったわけで低学歴な親の子どもは高学歴になることはなかなか難しいのです。かつてはそれが高等教育によって逆転できることもあったのですが、現在の日本では実質賃金の減少によって家庭で教育にかけられる予算がどんどん減っています。

一方で年収が高く教育熱心な親は子どもを私立の学校に通わせて高い水準の教育を受けさせるようになっており、ますます格差が広がっているのです。これは特に首都圏で顕著です。

「普通のビジネスパーソン」ができなくなる

またこれは日本だけではないのですが、先進国では高い報酬を得られるホワイトカラーの仕事がどんどん限られるようになっています。知識産業が進んでいますから、高い報酬を得られるのは企画職であったり、戦略を考える人、データを分析する人、プログラムを設計する人といった専門性が要求される仕事です。

かつてはホワイトカラーでも様々なマネージメントの仕事や調整の仕事というのがあったのですが、合理化が進み、そういった人員はどんどん減ってきています。

またシステムやＡＩの導入により、そういったホワイトカラーの仕事はこの先さらに減っていきます。つまりかつてのようにある程度の大学を卒業しさえすればそれなりの報酬が得られるという社会は終わりを遂げているのです。

高い報酬を得たければ、より専門性の高いスキルを身につけなければなりません。しかしそういった教育は誰にとっても手が届くものではありません。

先進国では２０００年以降格差がどんどん広がっています。

特に中流以下の人々の実質賃金は下がっている国が多く、生活が苦しくなっている人が増えています。

またアメリカやイギリスのように製造業の仕事が海外に出てしまって、いわゆる「普通のビジネスパーソン」ができる仕事というのがどんどん減っています。その一方でＩＴ系の企業に勤める人たちの報酬は製造業の人たちの2倍、3倍という状況です。

しかし知識産業というのは製造業のようにたくさんの人が必要なわけではないので、仕事はそれほど増えていないのです。

日本は若干のタイムラグがあるのですが、恐らく今後はアメリカやイギリスのようにホワイトカラーの仕事が減っていき、知識産業に携わることができる人とそうでない人との間で格差が大きくなっていくはずです。

その際に格差に大きく関わってくるのが教育です。

しかし高い報酬を得るのに必要な専門的な教育にはお金がかかるため、誰にでも提供できるものではなくなってきています。

親自身がこれからの時代を生き抜ける仕事を見抜き、必要な教育を子どもに受けさせられる収入があるかどうかで、子どもの将来が決まっていくのです。

老後のバカ格差

次なる日本の格差は「老後のバカ格差」です。

若い人はあまり実感していないかもしれませんが、今の日本でも老人がみんな豊かなわけではありません。

マスコミでは老人の多くが高い年金をもらい、資産を持っていて余裕のある生活を送っているというイメージを報道していますが、実態はそうでもないのです。

もらえる年金のリアル

例えば厚生労働省が発表した２０１７度のモデル年金額を見てみましょう。

日本の年金には、大きく分けて２種類があります。

①20歳から60歳まですべての人が加入する「国民年金」（基礎年金）

②会社員や公務員が加入する「厚生年金」

これに加え、「企業年金」や「確定拠出年金」、「厚生年金基金」、公務員や私立学校の教職員が受け取る「年金払い退職給付」といった制度があります。

普通のサラリーマンの場合は、①と②を合わせた金額をもらうことが多いのです。

国民年金は、20歳から60歳まで40年間保険料を支払った人で、一人につき、１カ月に6万４９４１円が支給されます。②の厚生年金を合わせた平均的支給額は、男性は16万６１２０円、女性は10万２１３１円です。

ただし妻もずっとフルタイムで就労し、厚生年金の保険料を定年まで支払う例はあまり多くはありませんから、妻のもらえる年金はぐっと安くなります。ずっと専業主婦だった人や、パートで厚生年金未加入だった人は、国民年金のみで月の支給額は6万円ほどという人もいるでしょう。

厚労省は、夫婦二人が受給する年金のモデルを発表していますが、国民年金と厚生年金合わせて月に22万1277円です。これは、夫がボーナスを含む月収42・8万円で40年間就業し、妻がその期間すべて専業主婦であった場合を仮定しています。

月収42・8万円だとだいたい年収500万円ぐらいですが、あくまでモデルであり、日本の40歳から59歳までの働く人の中間値程度です。

若いうちは年収が低いですし、中卒、高卒の場合は平均年収がもっと低くなりますので、将来もらえる年金は実際はもっと安くなるでしょう。

つまり、このモデルの年金を貰える人というのは、元公務員だったり、一部上場の大企業に勤め、多額の厚生年金を払ってきた人に限られます。

日本の企業のうち99・7%は中小企業です。働く人のうちざっと70%が中小企業勤務で、大企業勤務者は30%ほどです。

大企業と中小企業の報酬の格差は大きく、例えば従業員10人未満の零細企業の平均年収が337万1000円なのに対し、従業員5000人以上の大企業の平均年収は503万3000円です。

7割の人が中小企業勤務だと考えれば、厚生労働省が発表するようなモデル年金をもらえる人はそんなに多くはないのです。

若い人はあまりよくわかっていないと思うのですが、日本では60歳以上になっても国民健康保険を払わなければなりませんし、所得税も住民税も払う必要があります。さらに介護保険料も払わなければなりません。

先ほど述べたモデル年金を受給できる夫婦の場合でも、住む地域によってはこうした税金や社会保険料の支払いが月に4万円ぐらいになってしまうことがあります。

現在の見通しでは今後国民健康保険や介護保険はどんどん上がっていきますから、負担はもっと大きくなるはずです。

高齢になったらこれだけ出費がある！

高齢になると家がどんどん老朽化してきていますから、修理代がかかります。

この出費は木造家屋が多い日本では結構な額になります。床が抜けたり屋根が剥がれたりすると1回に数十万円、下手すると数百万円の出費が必要になってしまいます。

マンションの場合は老朽化してくると修繕が必要になるのですが、そのための修繕積立費も安くはありません。組合に十分な積立がない場合や、住人に老人が多い場合は、修理ができないこともあります。

建て直しになった場合はもっと大きな費用がかかります。ですからマンションを買う場合は、20年後30年後に住人の年齢層がどうなっているか、そのマンションは転売が可能な価値があるかどうかということを十分に考える必要があります。

さらに家電もある時期に一気にガタが来て、買い換える必要が出てきます。この費用は結構バカになりません。

また若いときはわからないのですが、60歳を過ぎるとだいたいの人が体に老化現象が起こり、色々と病気がでてきます。

今のところ国民健康保険により医療費の自己負担比率は3割と比較的低くなっているのですが、今後は自己負担比率も少しずつ上がっていくでしょう。

自己負担比率が3割だとしても、心臓病や骨折などで手術をしたり入院をすると、ベッドが空いていなければ差額ベッド代を要求されたりします。この費用は健康保険でカバーされるわけではなかったりするので、結構な金額になります。2、3週間入院すると数十万円のお金が出て行ってしまうこともあります。

今は高額療養費制度で医療費が高くなる病気に対しては補助が出ていますが、今後もこの制度がずっと続くかどうか保証はありません。

孤独から犯罪に走る高齢者

このように、今の高齢者の生活は決して楽ではありません。

その実態は高齢者の犯罪を見るとよくわかります。

2016年の「犯罪白書」では、女性の刑法犯検挙人員の約3割が高齢者であり、そのうち約8割が万引きにより検挙されています。
２０１４年の「犯罪白書」では、小売の店舗などで商品を盗む万引き犯の再犯率を調べていますが、最も高かったのは65歳以上の女性で、37・5％でした。

万引きをした背景は、「近親者の病気・死去」が26・5％、「家族と疎遠・身寄りなし」が20・6％、「配偶者などとのトラブル」が「収入減」と並ぶ14・7％です。

白書を執筆した法務省法務総合研究所は「老人の孤独感や寂しさが犯行に影響したことがうかがえる」と指摘しています。

つまり、経済的に苦しい高齢者や孤独な人が犯罪に走っているのです。これが日本の高齢者の実態です。

日本の高齢者は今ですら生活が大変で、先々はその格差がもっと開いていく可能性が高いでしょう。若いときから個人年金や不動産で資産を運用していた人と、そうでない人の格差はどんどん広がっていくはずです。

資産がない人たちは健康保険や介護保険の負担に悩み、増大していく医療費に苦しむことになります。年金も減っていくことが目に見えています。

しかし正社員の仕事が減っている日本では、老後に備えて毎月資産運用できるような人は少数です。

貯金すら減っているわけですから、現在若い人の老後は今以上に格差が広がっていくでしょう。

〈コラム〉北米・欧州の「住む地域格差」

エンリコ・モレッティの『年収は「住むところ」で決まる　雇用とイノベーションの都市経済学』（プレジデント社）は、経済地理学の専門家が一般向けに書いた本です。

この本を読むと、日本だけではなく、アメリカやカナダでも、知識産業の発展に伴って高収入層や高い教育を受けた人々が特定の街に移り住んで行く推移がよくわかります。例えばアメリカの場合、サンフランシスコ、シアトル、オースティンといった都市では人口が増加し、それに沿って労働人口も増加しています。不動産価格が高騰し、賃金水準も上がり、投資増加、雇用増加の好循環が生まれているのです。

知識産業の人々だけではなく、単純労働の人の賃金や比較的専門性が低いサービス業の賃金も高めになっています。知識産業以外の業界でも高い賃金を得られるので、より多くの人が引っ越してくるようになっているのです。

これはヨーロッパでも同じで、イギリスの場合は高賃金の仕事はどんどん都市部に集中しています。

かつてもそうだったのですが、2000年以降その集中が加速しています。ヨーロッパでは2000年以降、EU国籍があればEU圏での移動と居住、就労の自由が保障されるようになったので、他のEU加盟国から人気の高い都市に大量に移住するようになりました。

そのほとんどはロンドンに向かいます。

ですからロンドンでは不動産価格は高騰し、学校や病院が足りていません。

一方でヨーロッパもアメリカも、かつて製造業で隆盛を極めたデトロイトなどの都市は過去20年以上に渡り、人口流出、失業率の上昇に悩まされています。

イギリスではヨークシャーより北の地域は失業率が高く、貧困に悩まされています。私の夫の実家がイギリスのニューカッスルにあり、私はイギリス北部によく行きますが、その貧しさはロンドンとはまったく比較になりません。

かつて栄えていた重工業はほとんどが無くなり、炭鉱も閉鎖されてしまいました。現在ある仕事は病院や大学、官公庁といった公共セクターばかりです。

これはアメリカの中西部や南部も同じで、トランプ支持者が高い地域というのはイギリスの北部と同じように、かつて製造業やサービス業が盛んだった地域で、現在では仕事が海外に移転してしまったために失業している人や低賃金で働いている人が大勢います。つまり知識産業があり、富が集中する大都市に住めない人たちというのは、仕事の機会にも教育の機会にも恵まれず、レベルの低い公的なサービスを享受するほかないのです。

その一方で、高収入の知識産業の人たちは、統計上、高い賃金を得られる大都市に集中はしているのですが、実は郊外や地方にも家があったりします。

一年中オフィス近くのマンションにいるというわけでもないのです。

大都市圏には、週・月に何回か行くだけという在宅勤務の人や、自宅で働く自営業の人も多く、日本の普通のビジネスパーソンのように、毎日通勤地獄に苦しむというライフスタイルとは正反対の余裕のある生活を送っています。

イギリスの場合、仕事はロンドンだが、住んでいるのはオクスフォード、ケンブリッジ、ハロゲイトなど地方の美しく豊かな都市という人も大勢います。

例えばハロゲイトというのは、推理小説作家のアガサ・クリスティーが逗留していたヨークシャーの美しい街ですが、カフェやレストランに行くと、ＭａｃＢｏｏｋを片手に仕事をしている知識産業系の人がいます。

またイギリスの元首相・サッチャーさんの生まれ故郷であるグランサムという地方都市から少しはずれた郊外には、石造りの美しい伝統家屋の村がありますが、ここ15年ほどロンドンから大勢の人が引っ越してきており、家の値段がどんどん上がってしまいました。

ロンドン標準の報酬をもらっている人たちがそうした家を買うので、値段が釣り上がるわけです。彼らもまた毎日通勤するわけではないので、ロンドンまで車や電車で３時間ぐらいかかるところに住むことも可能なのです。

また、欧州は格安航空会社（ＬＣＣ）が日本より先駆けて発達しましたので、ギリシャやスペイン、南フランスなど気候の良いところに住んでいて、仕事はロンドンやベルリンでやっているという人も少なからずいます（ただし仕事するのはロンドンやベルリンですから、統計ではそれらの街で働く人としてカウントされます）。

飛行機で移動しても片道1万円もしませんし、主要都市は様々な会社が競争しているので便数も多いのです。欧州各国には国ごとに複数のＬＣＣがあるほどです。

空港は通常、主要都市からバスや電車で1時間以内と近いので、国境を超えた遠距離通勤も可能なのです。イギリスの場合は、家はフランスにあって飛行機で遠距離通勤という人もいます。

仕事のミーティングに行くと、キャリーケース片手に出席している人もいます。「家が海外にあるので今日は金曜日だから〝あっち〟に帰るんだよ」と言うのです。彼らはロンドンにいる間は、一般の人の家の一室を借りて滞在したり、マンションに滞在しています。

ロンドンはこうした人の賃貸需要があるので、家の一室を貸すと、一定額までは家賃収入の税金が控除になる仕組みがあります。

ですから、そうした人々向けの海外不動産購入ガイドがたくさん売っていますし、引っ越しサービス、海外送金サービス、海外で受信する衛星放送などのサービスが充実しています。

このように知識産業に従事する人々は、大都市で打ち合わせやネットワーキングを行い、高い報酬を得ていますが、生活の質の高いリゾート地や美しい地方都市に住み、通勤ラッシュとは無縁という自由なスタイルが享受できるようになっているわけです。

一方で、知識産業の仕事を得られない人々は、貧しい地方から引っ越すこともできず、仕事も増えませんので、生活の質は益々下がっていくというのが今の構造です。

第4章　男女のバカ格差

男女バカ格差大国ニッポン！

日本で問題になっている格差のひとつが「男女の格差」です。

第2章の「仕事のバカ格差」でも男女の仕事格差を取り上げましたが、この章では仕事だけでなく、生活全般における男女間の格差をさらに掘り下げたいと思います。

日本では男女の格差についてはしばしば問題になってきましたが、ここ数年は国際組織や海外メディアによる世界的な男女格差のランキングが報道され、日本のランクの低さが話題になることが増えました。

例えばスイスの経済学者により設立された非営利財団である「世界経済フォーラム」が２０１６年に発表した男女平等度ランキングでは、１４４か国を対象として、政治、経済、教育、健康の４分野で男女格差を調査し、日本はなんと先進7か国の中で最も低い１１１位という結果でした。

女性の大学進学率上昇度などは高いのですが、技術者や専門職が少なく、女性の所得水準が低いのです。

日本の順位は年々下がっており、２００６年に80位だったのが、２０１６年には１１１位まで下がってしまいました。日本は特に経済・政治・教育の分野で水準が低く、順位を下げる原因になっています。

一方で女性の生活レベルに関しては順位が高く、２００６年には健康で１位でした。これは女性の健康レベルや医療サービスの充実度などを評価したものです。日本の女性は平均寿命が長く、また先進国の中でも医療のレベルが高いのでこのような評価になっているわけです。ところが10年後の２０１６年には40位に順位を下げています。

日本国内で経済状況が悪化し、それに伴って女性の健康状態が悪化しているというわけです。これは女性だけではなく男性の生活環境も悪化していると言えるでしょう。それでも健康に関してはそれほど順位は落ちなかったほうで、その他すべての項目においては年々順位が落ちる傾向にあります。

総合的にはベトナムやエチオピア、ネパールを下回るという驚くべき結果となっています。

中東・アフリカ諸国と同程度の順位になっているのです。

経済的にかなり豊かで治安がよい日本の順位がここまで低く、発展途上国よりも低いのは、私の見解ではランキングの項目の優先順位が関係しているのだと思います。

このランキングでは専門職や技術者の割合が高く、またあくまで男女の格差を評価しているので、女性の実際の生活レベルや、国の安全性などは考慮されていないのです。発展途上国の場合はエリート層に関しては女性の社会進出がかなり進んでいることもあります。

例えば私が国連専門機関で働いていたときの同僚はボリビアやネパール、ボツワナ、ナイジェリアといった途上国のエリートの人々でした。

こういった国では貧富の差が大変激しく、エリート層とそうではない人々の生活には大変な格差があります。しかしエリート層の中では女性の教育に熱心な人が多く、女性であっても科学者になったり、専門職に就いたりする人は多いのです。

また女性政治家も多いですから、政治家の男女比という点で見ると、途上国であっても女性の割合が多いということがあります。

ただし注意しなければならないのは、女性の専門職や政治家の割合が多いとはいっても、国全体の男女の格差があまりないというわけではないことです。

途上国では男性よりも女性の死亡率のほうが著しく高いこともありますし、女性に対する暴力が日本では想像できないほど激しいこともあります。

ですから日本の女性の家のランキングがベトナムやエチオピアよりも低いといっても、女性の暮らし全体がひどいとは一概には言えません。

また発展途上国の場合は、データの収集方法や正確性がかなりいい加減な場合も多いですし、政府側が正確なデータを出したがらないということもあります。ですから評価されている項目の数字のすべてが本当であるとは言えません。

しかしながら、先進国の中では日本は男女の格差がかなり大きいということは事実です。

これは少子高齢化の日本にとっては大きな問題のひとつです。

男女格差を少なくした先進国は出生率が回復し、経済成長を維持しています。

例えばそのひとつがフランスです。国は子どもを産む人に対して様々な援助を行う政策を実施し、それが功を奏して出生率が回復しています。

またアメリカやイギリスは人口が増えています。その増加の多くは移民による高い出生率が原因だったりするのですが、移民を入れることにより人口を増やし、その国の労働人口を増やしているわけです。国の富というのは労働人口の有無に左右されますから、経済成長には大変重要なことです。

出産でキャリアが中断される日本女性

日本では少子高齢化が非常に大きな問題となっていますが、いまだに出産や育児に対する支援はあまり進んでいるとはいえません。保育園は足りておらず、待機児童の問題も長らく解消されていません。

特に問題なのは長時間労働が当たり前だという労働慣習です。労働時間があまりにも長いため、子どもがいる家庭は男性か女性のどちらかがパートタイムの仕事をせざる得ません。

日本の場合その大半が女性です。

高学歴の女性でも一旦キャリアを中断して低賃金のパートタイムの仕事や非正規雇用の仕事をする人はかなり多いです。

このキャリアの中断が女性と男性の賃金の差につながっており、男女平等度ランキングに大きな影響を及ぼしています。

また女性が年をとってからの年金の金額にも大きな差がついてしまいます。

しかしパートタイムの雇用で低い賃金の女性には資産を形成するお金も、投資するお金もありません。従ってもし夫婦仲が悪化し、男性の報酬に頼ることができなくなった場合、女性に待っているのは現在の生活レベル低下だけではなく、老後の悲惨な生活です。

また一旦キャリアを中断してしまうと、新卒一括採用が当たり前で長期雇用が前提の会社が少なくない日本では、外資系企業やベンチャー企業で働ける人以外は再就職が難しくなってしまいます。

管理職や幹部としての経験を積むことができませんし、キャリアの間ずっとエントリーレベル（初級程度）の仕事をする女性だって少なくないのです。

能力があったり高い教育を受けている女性でもこのような状況に甘んじているということは、才能が十分生かされていないということです。

つまり人的資源が無駄遣いされているのです。

政府は初等教育、中等教育そして大学にたくさんの投資をしています。そういった投資を行って日本の女性も高度な教育を受けてきたわけですが、その能力を生かすことができない状況に税金が無駄遣いされているのです。

これは大きな社会的損失と言えるのではないでしょうか。

少子高齢化で財源が限られている日本にとって、こうした無駄遣いは許されるものではありません。つまり女性が仕事で差別される状況に置かれ、キャリアを積んでいくことができないということが日本全体にとっての損失なのです。

これは１９９０年代からずっと問題視されているにもかかわらず、その状況は大きくは変わっていません。

人口が減り、労働の生産性が高まらないということは経済の停滞を意味します。

日本は労働者側も政府も問題の根源がわかっているにもかかわらず、誰も対策をとっていません。多くの高齢者を支えなければいけない社会で、女性が効率的に働けるような社会を作らないというのは、国民全体で破滅に向かっているようなものです。

男女〝逆〟差別化する日本の大問題

その一方、日本でバカげていると思うのは、こういった女性が置かれた状況を表面的に取り繕おうとするサービスや施策の数々です。

例えばレディースデーというものがあります。これは20年以上前から様々な店舗などで実施されているものですが、女性にだけ割引をしたり、特別メニューを出すというサービスです。

かつては流行や消費を牽引するのが若い女性だったので、こういったサービスを提供することはビジネス上で様々なメリットがありました。食事やサービスを楽しんだ女性たちは口コミでその店のことを話し、より多くの女性が来店したりマスコミに取り上げられたりすることがありました。

しかしながら、レディースデーというのは女性以外の人たちにとっては差別的なサービスに他なりません。

表面上は女性が男性よりも収入が少ないから割引を提供したり、特別な扱いをされるべきだというような風潮で提供されているわけですが、女性の社会進出が推進されている世の中で、女性を性別だけで特別扱いするのはいかがなものかと思います。

もちろん女性のほうが消費者としてパイが大きいので、女性向けにサービスしたほうがビジネスにとっては良いという判断もできるわけですが、差別的なサービスをする店や企業に男性や高齢者は良い印象を持つでしょうか。

私の外国人の友人たちや家族は日本にレディースデーというものがあるのを発見して大変驚きました。

なぜなら欧州や北米ではこういったサービスを提供した場合、他の性別の人、ＬＧＢＴの人、障害者、高齢者といった少数派の人々、経済的苦境にある人に対する差別になってしまうからです。

また現在では性の垣根というものが曖昧になっています。何をもって女性とするのかは大変難しい問題です。それは見た目なのか、器官なのか、遺伝子の問題なのか、服装なのか、行動なのか。容姿から見当をつけて女性かどうか判断することは、トランスジェンダーやゲイの人に対する差別になってしまいます。

こういった一見女性に対する配慮のように見えるようなサービスは、実は逆差別的であり、公平性を欠くのでかえって店側、企業側に悪いイメージがつく可能性があるということです。

偏った「女性の権利」が生むバカ格差

女性差別があるのは現実ですが、しかしその一方で、女性のほうが女性であることを利用しているということもあります。

例えば日本の職場で、女性であることを利用して責任のある仕事やリスクの高いプロジェクトを避ける人というのは結構います。日本の男性も女性に対してはかなり甘いので、「女の人はこんな大変な仕事はしなくていいよ」と言ったりすることもあります。

あくまでこれは私の感覚なのですが、女性が仕事をする上で、日本の組織のほうが激しく追及されたり、責任を問われたりすることが少ないように思うのです。

また日本の組織では何かあると女性が人の前で泣くということが珍しくありませんが、それは他の国では絶対に許されないことです。

特に欧州や北米では人前で泣くような女性は性格が不安定で成熟していない人だと思われ、仕事を任すことができないと思われてしまいます。大人なのですから、子どものように振る舞う人は信用されないのです。

ところが日本では何かあると泣いたり、舌っ足らずな声で喋る女性というのが可愛いと思われることがあります。自分が未熟であることをアピールすることで得るものが多いからでしょう。

北米や欧州の組織だと専門職や管理職にも女性は多いですから、女性だからやらなくていいとか責任を取らなくていいといったことはあまりありません。

要するに女性が進出しているからこそ甘えが許されないのです。

男性であろうと女性であろうと会議や委員会での追及は大変激しいですし、パネルディスカッションでの議論も性別関係なく大変厳しい追及が飛んでくることがあります。猫なで声で他人のご機嫌をとったり、可愛い服を着てごまかすことはできません。それはそれで大変厳しい世界であります。その代わり日本に比べると高い報酬を得ることも可能ですし、専門職として仕事するには楽なことがあります。

もちろん他の国にも女性差別はまだまだあるので、あくまで日本と比較すると、相対的に楽ということです。

欧米では女性もテロ対策の武装警官に

男女が対等な扱いである英語圏では、危険な仕事や男性が多い仕事を女性がやるということも多いです。

例えばイギリスの場合、救急車を呼ぶと救急隊員としてやってくるのが女性だけということがあります。

女性とはいっても以前私がお世話になった方は二人とも身長は180センチ超え、体重はおそらく100キロを超える大変頼もしい人たちでした。救急隊員は人の命を預かることも多く、患者の中には麻薬中毒患者もいたりするため、大変危険な仕事です。深夜や早朝の勤務もあります。

そういった過酷な仕事ではありますが、イギリスでは女性だけで勤務をすることがあるのです。

これは警官も同じです。

イギリスではサッカーの試合がある日には、治安の悪い地域ではスタジアムがある街の周辺はサッカーで憂さ晴らしをするフーリガンという人々で埋め尽くされることがあります。アルコールを飲んだ人々は大変暴力的です。しかしそういった警備にも女性警官が当たることが珍しくありません。巨大な馬に乗って群衆を統制する人もいます。

また、テロが発生した場合に現場に急行する武装警官にも女性がいます。

イギリスの警官は普段は銃で武装していません。しかしテロの現場に対応する人々というのは、特殊な訓練を受けたテロ対策の専門家です。セミオートマチックのマシンガンを持って完全に武装した形で現場に駆けつけ、場合によってはその場でテロの犯人を射殺します。

以前私がロンドンブリッジという駅でテロ騒ぎに遭遇したとき、現場に駆けつけた武装警官の中には女性もいました。マシンガンをすぐに発射できるように構えた状態で周囲を警戒していたのです。こういった命に危険がある仕事も女性が担当しています。

これはアメリカも同じで、アメリカ軍の場合は前線に女性が派遣されることもあります。

このように女性の社会進出が進んでいるということは、女性だからといって危険な仕事や大変な仕事を避けるといった甘えが許されない厳しい社会でもあります。

配偶者控除に驚く外国人

北欧諸国は女性の社会進出が最も進んでいる地域でありますが、保育園や社会保障が充実しているために、女性は専業主婦になって働かないという選択肢が許されないという社会です。物価が高いので共働きでなければとても暮らすことができないのです。

また働かない女性は「なぜ働かないのか」と言って周囲から責められることになります。社会に貢献せず専業主婦として過ごすことが許容されないわけです。

社会進出が保障されるということは、先述したように様々な義務を負うということでもあります。

その象徴のひとつが配偶者控除の廃止です。

例えばイギリスでは配偶者控除はかなり前に廃止されてしまいました。国民年金も健康保険も夫婦で別ですから、夫がサラリーマンであれば専業主婦の妻の分は払わなくていいということはありません。

これは会社における手当も同じで、多くの職場では配偶者手当がありません。もしそういった手当があったら、独身やゲイの人など、他の従業員に対する差別になってしまうからです。つまり家族構成やその人個人の属性ではなく、あくまで職場に対するリターンで報酬を決定しているわけです。

ですから日本ではいまだに配偶者控除があったり、配偶者手当があるということを言うと、驚く外国人が少なくありません。彼らにとってはまるで1960年代のような仕組みだからです。

「女性優遇トイレ」「男性のみお断り」で炎上

日本のバカげた女性優遇策が日本女性の感覚を歪ませているのではないかと感じた事件があります。

2017年、横浜市のマクドナルド上大岡カミオ店が、店内にひとつだけあるトイレを日中「女性専用」とし、男性には店外の共用トイレを使うよう促したことが、「男性差別ではないか」として問題視され、インターネットで大炎上しました。

あるツイッターユーザーの投稿によれば、「男性は店内トイレを利用できない。日中（am6：00～23：00）までトイレが女性専用、という実質営業時間の殆どの時間、男性が店内のトイレを利用出来ないという酷い『男性差別』が行われている」ということです。

おそらく店舗側は、女性が男性と共用のトイレを使うことに拒否感があることに対する配慮だったのでしょう。安心してトイレを使いたいという声もあったのかもしれません。

しかしこういった優遇策が本当に必要なのは女性ではなく、障害がある人やお年寄りではないでしょうか。

男性であっても歩行が困難であったり、人工肛門を使っていたりする方もいますから、例えば店内のトイレは障害がある方や病気の方が優先的に使うトイレにしても良かったはずです。高齢者の場合は外のトイレに行くのが辛い人だっているでしょう。

また2016年に東京・新宿歌舞伎町のイタリアンレストランが「男性のみの入店禁止」という看板を掲げ、大炎上した事件がありました。

歌舞伎町の「コン・テラッツァ新宿」は、イタリアンバイキングのお店で、「日本初！　男性のみの入店お断り！　女性に優しい食べ飲み放題イタリアン」「男性の目を気にせず心行くまで満足したいという要望にお応えします」といったことを売りにしていました。

同店はJ－CASTニュースの取材に対し、「歌舞伎町は、男性が多いイメージがあり、女性がお店に入りづらいことから、気軽に入れるようにと考えました。男性差別という認識はまったくなく、性同一性障害の方ももともと断るつもりはありませんでした。男性はバイキングで食べすぎるからという意図もないです」と答えています。

歌舞伎町は私も学生時代にずいぶん通いましたが、決してガラの良い地域ではありませんから、女性にとっては入りにくいお店が多いことは事実です。

店側としては、そういった環境の中で女性でも安心して食事ができるサービスを提供したいというだけの意図だったのでしょう。

また歌舞伎町という土地柄、男性同士で入店してトラブルを起こす人たちもいるのかもしれません。男性がいると大胆に食事をできないので困ると言う女性もいるのでしょう。日本の女性は男性の前では豪快に振る舞うことを良しとしませんので、これはとても日本的な現象かもしれません。

しかしネットでこれを問題視した人々が指摘したように、外から見れば性差別的に見えても仕方がありません。

また男性がいると自由に食事ができないというのも、女性に対しての過剰サービスという気がしてなりません。つまり女性はそういう風に自分を抑圧しているということが前提になっているわけですね。

女性でもイタリアンレストランに行くような人は自立した大人なのですから、こういった表層的な優遇策は必要ないのではないでしょうか。むしろ日本の女性に必要なのは本当の弱者に対する配慮であったり、本質的ではない優遇策を拒否する強さです。

こういった表層的な優遇策が女性の意識を歪んだものにしているような気がするのは私だけでしょうか。

例えば私がイギリスから日本に帰ってきてベビーカーを押して街を歩いているときに、いつも率先して手を差し述べてくれるのはオタクっぽい男性であったり、中年や年配の男性です。

女性で助けてくださる方は主に中年で、おそらく子育て経験のある方たちです。

若い女性はなぜか自己中心的な人が多く、通路を開けてくれなかったり、ベビーカーを邪魔扱いする人がいるのです。

私はなぜこんなことが起きるのかよく考えていたのですが、もしかすると、日本の女性たちは歪んだ女性優遇策に慣れてしまっていて、自分が世界の中心だと考えているからなのではないかと思うのです。

つまり女性は社会進出や経済の面において性別で差別されているのですが、その一方で丁重に扱われ、保護されているという構造になっています。

責任の重い仕事や辛いことは回避し、お店の割引やトイレの優遇を当たり前だと思っている。しかし本当の弱者には配慮しません。

それではいくつになっても成熟した大人として社会で平等な権利を得ることは難しいでしょう。

女子の「デート代はおごってほしい」問題

その他に日本で気になるのは、日本の女性は男性がおごることが当たり前だと思っていることです。

日本だと男性と女性の友達同士で出かけてもなぜか男性が多めに払うことを前提にしていたり、「女性は奢られて当たり前」ということを本に書くコラムニストもいます。

もちろん男性がスマートに奢ってくれれば嬉しいと思う女性が多いですが、その一方で、ある程度収入のある女性であれば必ずしも男性に食事代を払ってもらうことを期待していません。また特別な関係にはない男性に奢ってもらうことは嫌だなと感じる人だっているのです。

ただし日本の場合はずるい女性も多いので、「私はなるべくお金は出したくない」という人は多いようです。

しかしある程度収入があるのであれば、自分の分は自分で払うというのが自立した女性として当たり前のことではないでしょうか。

こういった意識は女性が結婚してから男性の収入にべったりと頼る傾向に似ているところもあると思います。

日本女性の中には、生活費や住宅ローンはすべて男性が出すべきだと考えている人は少なくありません。もちろん女性が働いたり収入を得るのは大変だという実態もあるわけですが、しかし男性に必要以上に経済力を期待したり、男性が健康を害するほど働いているのに経済的に頼ったままという女性も結構いるわけです。

そういった圧力は、日本の中年男性が失業したり左遷になったりすると、自殺という道を選ぶケースも多いことに関係がないとは言えないと思います。

経済力を失うということは、家族の信頼を失うことで、特に奥さんの期待に添わないということになってしまうのです。

男性が家庭の経済力のほとんどを担うことを求める社会的な圧力があるので、その手段を失った途端に自分の命を絶ってしまうのです。

つまり女性が奢られて当たり前という文化は、男性に対する圧力でもあるのです。

日本女性は男女差別のない社会を作りたいのであれば、男性に対する社会的な圧力も減らしていかなければなりません。

無思慮に奢ってくれという要求は自分をみずから差別的な状況に置くことと同じなのです。

しかし、残念ながらそれを自覚している方は多くはないようです。

第5章　世界のバカ格差

中国のバカ格差

世界の大国には格差の凄まじい国があります。

日本でも格差が広がった広がったとここ20年ほど騒ぎになっていますが、日本とは比較にならないほど凄まじいレベルです。

その代表のひとつはお隣の国、中国です。

日本で最近報道される中国の姿は、例えば香港や上海、深圳《しんせん》などの沿岸部の発展している都市のイメージです。

特に日本で話題になりやすいのは、スマートフォンのペイメントシステム（支払い決済制度）であったり、完全無人のコンビニなど、かなり技術が進んでいる部分です。

都市部では高層ビルが立ち並んでいて、映画『ブレードランナー』を再現したような近未来的な印象を受けます。

さらにこのところ日本では中国からの観光客が増えており、数年前に「爆買い」が流行語大賞になりました。

また京都をはじめとして都内や横浜の不動産を買い、「Ａｉｒｂｎｂ」などの民泊の仕組みを使って部屋を貸し出し、高い報酬を得ている中国人もいます。

日本で紹介されやすい中国というのは、主にここ20年で豊かになった人々や、改革開放（１９７８年から中国で実施された経済政策）の恩恵を受けた先進都市の姿なのです。

日本人が知らない中国の「広さ」

ところが実際の中国は大変広い国です。

中国の地図を北米大陸やヨーロッパに当てはめてみればよくわかるのですが、中国はひとつの国だけでだいたい西側ヨーロッパと同じぐらいの大きさがあります。

実際に中国に行くとその広さを実感します。

私は学生時代に中国人の留学生と付き合いが深く、また中国の一般家庭に数ヶ月間居候した経験から、その広さを体感しました。

中国の南部から北部まで色々な都市に行きましたし、一般のご家庭に滞在していたため、いわゆる普通の庶民の暮らしも体験することができました。

また北京からシベリア鉄道につながる大陸横断列車に乗ってモンゴルのウランバートルまで行ったこともあります。

そこで実感したのは、やはり中国の物理的な広さです。ちょっと隣の大都市に行こうとしてもかなり広いので、飛行機での移動が必須なこともありますし、列車での移動もかなり時間がかかります。

日本の感覚とはまったく違うのです。

日本では中国の先進的な姿ばかり取り上げられていますが、公共交通機関や道路網は日本に比べるとまだまだ発達しているとは言えず、ちょっと郊外や田舎のほうに行くにも移動が大変です。舗装されていない道路もありますし、高速道路の整備なども日本に比べるとまだまだ遅れています。

こんな状態ですから、地域による経済的な格差や文化の違いというのもかなり大きいのです。

例えば日本ではあまり知らない人も多いと思うのですが、中国は各地に方言があり、その違いはほとんど外国語に近いものがあります。

普段は方言で喋り、公的な場や職場、他の地方の人と話すときだけ中国語（普通語）を話したりしています。

例えば私が滞在していた海南島《かいなんとう》では普段は海南語を話していました。海南島は、中国の中でも地理的にはどちらかというとベトナムに近く、第二次世界大戦中は日本軍の基地があった南の島です。南部の広東省《かんとんしょう》のお隣なのですが、ここの島の言葉は島外の人にはまったく理解できません。

他の地方でも同じで、例えば北京の人は黒竜江省《こくりゅうこうしょう》の奥のほうに行くと現地の方言はまったくわかりません。

日本でも明治維新前はそんな状況がありましたが、中国ではいまだにそんなふうに地域による違いが大変大きいのです。

食生活も地域によってまったく違いますし、気候も大きく異なります。あれだけ国が広く、距離的には同じ国の中にシベリアの最北端とハワイが同居するようなものですから、それだけの違いがあっても当然です。

こういった地理的な広さ、それから地域による違いというのは経済的な格差にも大きな影響を及ぼしています。

中国の格差を示すジニ係数

例えば中国のジニ係数には驚くべきものがあります。

ジニ係数というのは経済学や社会統計で使用される指標のことで、その社会における所得分配の不平等さをはかったものです。イタリアの統計学者、コッラド・ジニによって考案されました。

0～1の数値で表され、0に近いほど富が均等に配分されていることを示し、1に近いほど格差が大きい状態ということになります。

中国政府は、「統計の精度に疑問が生じ、推計方法の改善を模索していたこと」「そもそもジニ係数はGDPなどと異なり、必ず公表しなければならない基本統計ではなく、推計方法や標本抽出などによって値が異なるもの」として、2005年以降、ジニ係数を公表していませんでした。

ところが2013年1月、中国国家統計局は約10年ぶりにジニ係数を発表します。

〈所得格差を示すジニ係数〉
Gini income coefficients For latest year available

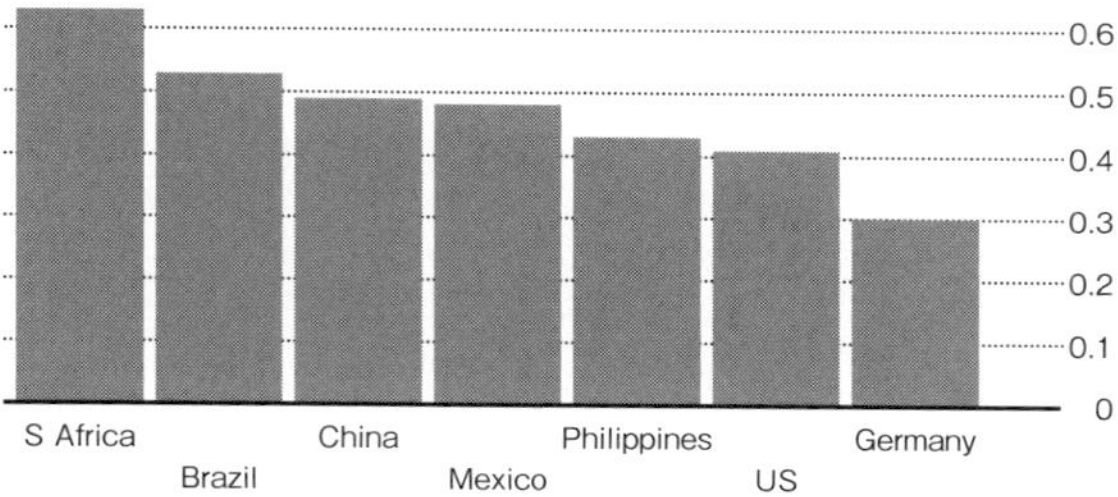

Sources For China, Peking University Institute for Social Science Survey; Others, World Bank

FT "China income inequality among world's worst"2016年1月14日
https://www.ft.com/content/3c521faa-baa6-11e5-a7cc-280dfe875e28

２００３年から12年までの10年間のジニ係数を発表したところ、２００８年は０・４９１で、人々の間の所得格差は徐々に縮小しているとし、２０１２年には０・４７４だったとしています。

さらに２０１６年の発表では、０・４６５となり、12年の０・４７４から０・００９低下したとしています。

世界銀行の基準ではジニ係数が０・４を超えると深刻な格差がある社会という定義がなされています。一般的には社会が擾乱《じょうらん》状態に陥る基準であり、０・５を超えると暴動や内乱が起こることが少なくありません。

しかし北京大学の調査によれば、この政府発表の数値には正確性がないとされています。

2016年に発表された調査によると、中国は最も豊かな人々は国の総資産の1/3を所有しています。そして最下層の25%の人たちが所有する資産は全体の約1%にすぎません。

四川省成都《せいと》の西南財経大の研究では、中国の裕福な世帯の上位10%が、全国の総資産の63・9%を保有するとしています。

さらに同大学が2010年に実施した調査によると、ジニ係数の指数は0・61だとされています。この調査では25の省の1万5千軒の家庭からデータを収集しています。

中国のジニ係数は1980年代には0・3だったので、格差がどれだけ大きくなったかと考えると恐ろしいものがあります。

中国のこのような格差の凄まじさは他の国と比較するとよくわかります。

日本のジニ係数は、0・37で、OECD34か国中、11位です。日本はこの20年で急速にこの数値が上昇しているとはいっても、他の国に比べるとまだまだその差は小さいのです。

先進国ではアメリカが最も指数が大きく、0・41です。新興国は格差が大きいことが多く、ブラジルは0・63、南アフリカは0・53です。

一方で北部欧州は格差が小さめで、ドイツは0・3です。デンマーク、ノルウェー、スウェーデンといった北欧諸国で、ジニ係数はおおよそ0・25です。所得の格差が小さいのは、所得税や社会保障費が高いために、所得が高い人から低い人へ所得の再配分が行われているためです。

数字に表れない闇経済

さらに、実際の格差はジニ係数だけでは把握できていません。

それは中国における統計データが正確ではないというのもあるのですが、いわゆる闇経済があまりにも大きいからなのです。

これは中国だけでなく新興国によくあることですが、表に出る正規の給料だけ見ていても本当の収入がわかりません。

例えば公務員や大型国有企業の幹部らは、給料の他に住宅等々の様々な福利厚生を受けています。

これは私が中国にいる際に実際に目にしたことですが、大手の銀行や国有企業の管理職の人たちは職場からかなり良い条件で高級マンションを与えられていたり、社用車であるはずの高級ベンツを普段の買い物や家族の旅行に使っていたりしました。

さらに様々な人たちが仕事の取引などで恩恵を受けて、レストランやマッサージ店で無料でサービスを受けたり、様々な割引を受けたりしています。

これは日本的な感覚で考えれば、どう考えても賄賂《わいろ》なのですが、ビジネスにはコネが何よりも重要な中国では、有力者に様々な便宜を図ることが生き延びる知恵なのです。

許認可権を持った人たちや決定権を持った人たちはそれをよくわかっていますから、こういった賄賂を喜んで受け取ります。

ただし最近はどこも汚職にはうるさいですから、賄賂とはわからないように様々な工夫がこらされています。物だけではなく、現金や有価証券といったものでも便宜を図れますから、有力者はどんどん肥えていくという仕組みです。

中国やその他の新興国のこういった実態を自分の目で見てみると、日本では癒着や忖《そん》度《たく》があると言っても、かわいいものだという印象を持つようになります。あからさまな賄賂のやりとりが発覚すれば、問題となってすぐニュースに取り上げられるでしょう。なんだかんだ言って日本は法治国家であり、透明性が高い国なのです。

中国には四つの世界がある

中国人に言わせると、中国はひとつの国ではありますが、国の中に異なる世界が存在しています。

一般的には中国の中には「四つの世界」があると言われています。

第一の世界は、先進国の水準に近づく北京や上海といった大都市です。

第二の世界は、世界の平均所得を上回る広東や江蘇《こうそ》といった沿岸部です。

第三の世界は、発展途上国の水準にとどまる中部各省。

そして第四の世界は、貴州《きしゅう》やチベットなどの中西部地域といった貧困地域です。

第一の世界・第二の世界と、それ以外の世界の格差はどんどん広がっています。

北京大学の2013年の調査によると、都市部の最富裕層（上位5％）と最貧困層（下位5％）の世帯年収は242倍もの差があることがわかっています。

中国は改革開放以降、都市部と農村部の格差が広がっており、もう20年以上前から、毎年数百万人の農村部の人々が都市部に出稼ぎにやってきます。

彼らは「農民工」と呼ばれていて、私が中国に滞在していたときも、北京駅の前や広《こう》州《しゅう》駅の前で、数百人の「農民工」が野宿をしている姿を見て度肝を抜かれたことがあります。

彼らの生活は都市部の人たちとは大違いです。

何日も入浴しておらず、ボロボロの鞄や布団を抱えて駅の前の道路で寝ています。顔が真っ黒に日焼けしていて垢だらけです。

北京や上海の街で見かける若い人たちや、ロンドンやニューヨークに遊びにくるお金がある中国人は日本人よりもおしゃれで高級ブランドを着こなしていますが、そういった人たちと垢だらけの「農民工」が同じ中国人なのです。

私が学生の頃、20年近く前ですら、都市部と農村の格差は凄まじいものでした。

都市部の人たちが住んでいるのは高級マンションで、正直言って日本のマンションよりも豪華です。床は大理石でお風呂には日本から輸入した高級バスセットが置いてあります。テレビもオーディオセットも日本から輸入した最新のものを持っていたりしました。

日本に留学してくる中国人留学生の実家というのはそんな感じのところが少なくなかったのです。

家には田舎から出てきたお手伝いさんがいて、女の人たちは家事をしません。移動はベンツや日本の高級車です。食事は高級ホテルでするのが当たり前。日本の普通のビジネスパーソンよりも豊かな生活です。

当時ですらこんな状況でしたから、現在日本に観光に来ている中国人や「爆買い」を揶揄《やゆ》されているような中国人たちの生活レベルというのは、実は普通の日本人よりもはるかに高いのです。

ところが「農民工」の住んでいる田舎は本当に寂《さび》れたところです。まず道路が舗装されていません。雨が降ると泥だらけの道を歩かなければなりません。まるで日本の戦前の田舎のような状況です。

そして住んでいる家は日本の感覚だと牛小屋のような感じで、木造で風や雨が通り抜けるような建物です。

床は土間で、いまだに調理に石炭や薪を使っているような世界です。

こういった階級格差は、中国の映画『初恋のきた道』などを見るとよくわかります。この映画はかなり昔（１９５８年）の中国を描いた作品なのですが、現代の農村地区も実は大きく変わっていないのです。

こんな状況ですから、いまだに中国の農村からアメリカやヨーロッパになんとかして移民しようとする人たちばかりか、ボツワナやナイジェリアに出稼ぎに行く人もいます。

私の以前の職場の同僚にはボツワナの外交官がいたのですが、ボツワナにはもう20年近く前から中華料理店が普通に存在しているそうです。

建設現場を中心として数多くの中国人が出稼ぎにやってくるので、中華料理店ができはじめ、現地の人も食べるようになったのです。

農村があまりにも貧困なので、日本やアメリカに行こうとしても行けない人たちはアフリカや中東にまで出稼ぎに行くのです。

中国で大ブームを起こした詩

中国では2014年に「中国の大半を通り抜けてあなたを寝に行く」という詩が大変なブームになりました。

湖北省鍾祥《チョンシアン》市郊外の農村で、細々と畑を耕しながら暮らしている余秀華《ユイシウホワ》さんが、中国版LINEの「微博《ウェイボー》」で発信した作品です。彼女は出生時の影響で脳性まひの後遺症が残り、見合い結婚で一緒になった夫とその母と暮らしていました。

この作品は、夫が妻と一夜を共にするために中国全土を通り抜けて行かざるを得ないような生活を送る「農民工」の悲しみや辛さを表しています。

かつては性生活は農民にとっては日常生活の一部であり、特別なことではなかったのですが、都市と農村部の収入の格差がどんどん広がっている中国では、妻に会うために何千キロも移動しなければならない出稼ぎ労働者たちが何万人もいるのです。

この詩は現代の中国の歪んだ社会を素直に描写したものとして、大変な衝撃を与えました。

中国では政治的な抑圧を恐れて、多くの人はネットやメディアで自分の正直な気持ちを表現したり社会の歪みを批判することは避けますから、余さんの単刀直入かつ美しい表現は多くの人の心を動かしました。それだけ今の中国では悲痛な現実を実感している人が多いということです。

このように格差が拡大する中国ですが、それを是正するような動きはありません。中国の富裕層はますます豊かになっています。中国のお金持ちリストを毎年発行している「the Hurun Report」によれば、2015年には中国で100万ドル以上の資産を持つ富裕層は1年でなんと8%増えており、314万人にものぼります。さらに1億ドル以上の資産を持つ億万長者はなんと596人で、アメリカにも多いのです。

「フィナンシャルタイムス」の取材に対し、北京にある人民大学のZhou Xiaozheng教授は「中国では豊かな人が豊かになり貧しい人はもっと貧しくなっているのだ。その事実はわざわざ研究する必要がないほどだ」と答えています。

中国では社会階層を乗り越えていくことがかなり困難です。共産主義国家のはずなのに、格差がこのように凄まじく階層を乗り越えられないというのはちょっと皮肉です。

社会の最下層に生まれた人々がそのまま最下層にとどまる確率は2000年以降、1990年代よりも高くなっています。階層が低いと良い仕事にありつけないので、都市部に出てきてもワーキングプアになってしまう若い人が増えているのです。

中国の格差が今後このまま広がっていくのであれば、中国は国としての形を維持することが難しくなっていくかもしれません。従来中国というのは格差が凄まじくなると革命が起こり、王朝がひっくり返るという歴史を繰り返してきました。

中国の富裕層たちは何年も前から自分の資産を海外に移転したり、子どもたちを海外に留学させ、現地の国籍を取らせるということをしていますが、あまりの格差の広がりに体制がひっくり返るということもリスクとして考えているからなのでしょう。

日本でも格差が広がった広がったとは言いますが、中国に比べればまだまだマシだということです。

アメリカのバカ格差

中国の格差も凄まじいのですが、日本人がよく話題にするアメリカも、実は格差が恐ろしく大きな国です。

私の感覚でいえばアメリカこそ格差大国であり、決して日本人の多くの人が想像するような夢の国ではありません。

アメリカはトップ1%の人々が国の42%の富を所有するという恐ろしい格差社会です。

そのアメリカは、「階層」移動が世界で最も難しい国のひとつです。

「階級」と「階層」の違い

ところで「階級」と「階層」は違います。

「階級」（英語ではｃｌａｓｓと言います）は、文化的、歴史的背景から生み出される「概念」で、身分など歴史的な背景によって区分されます。

その人が持っている社会的資源（お金、家、権力、名声、家柄、コネ）などをもとに、人々がグループに分かれて、グループごとに上下関係が生まれます。そして異なるグループはお互いが嫌いです。例えば、学校の中で、ヤンキー＞スポーツ万能＞美形＞勉強ができる、などという序列ができることがありますが、これがまさに「階級」です。学校での「階級」を区分する「資産」は「カッコいいかどうか」です。

ですから、いくらお勉強ができても、家が金持ちでも、「キモい」人は、どうみても包茎ではなさそうな剃り込みの入ったヤンキーの同級生には絶対に勝てないのです。

一方、階層（social stratum）とは、所得や財産などの経済的なもの、職業、政治などによって形成される社会的な各層です。職業、収入、学歴、居住地域や住居形態、持ち物などの外的・客観的な事柄からその人が所属する階層が決定されます。

社会調査や政府が実施する統計調査は「階層」をもとにしています。

例えば、「弁護士は年収2000万を超えるから高収入階層、アニメーターは年収200万ぐらいだからワープア階層」といった分類ですね。

現代においては、差別的な分類ではなく、単なる統計上の分類です。

イギリスの政策調査や、起業家に対するアンケートなどは、その人の「職業」で「階層」を定義することがあります。例えば、専門職階層、熟練労働者階層、非熟練労働者階層、無職、年金生活者、学生、などです。

「階級」は歴史的、文化的なものですが、「階層」は職業や収入などによるものです。従って、「階級」の移動は難しくても、「階層」の移動は可能なことがあります。

階層移動が難しくなっている

さて、この階層の移動に関しては様々な学者や団体が調査を行っていますが、イギリスの「The Sutton Trust」という団体が実施した調査が、イギリスで大きな話題になりました。

先進諸国における階層移動の難易度の違いが、思いっきりわかってしまったからです。この調査によると、調査対象11か国の主要先進国のうち、アメリカが階層移動が最も難しく、イギリスはその次です。

移動が最も容易なデンマークと比較すると、アメリカの移動の難しさはなんと4倍近くになります。

●階層移動が難しい国

1. アメリカ
2. イギリス
3. イタリア
4. フランス
5. オーストリア
6. ノルウェー
7. スウェーデン
8. ドイツ
9. カナダ
10. フィンランド
11. デンマーク

この調査によると、様々な国で階層移動は難しくなってきており、階層の固定化が見られるということです。

イギリスの場合、１９７０年生まれの人が上層階層に移動できる確率は、１９５８年生まれの人に比べるとうんと少なくなっています。

イギリスでは近年、階層の固定化が進んでいますが、アメリカの場合は、かなり前から変化がありません。つまり、アメリカというのはそもそも階層移動がかなり難しい国というわけです。

アメリカの不公平を描いた映画

アメリカで公開された『ＩＮＥＱＵＡＬＩＴＹ ＦＯＲ ＡＬＬ』（すべての人にとっての不公平）という映画は、アメリカにおける階層移動の難しさを理解するのに最適な作品のひとつです。

原案はカリフォルニア州立大学バークレー校で公共政策の教鞭をとるＲｏｂｅｒｔ Ｒｅｉｃｈ教授です。

不公平は貧困層、中間層、そして裕福な層すべての人にとって良くないことであるというのがこの映画の主題であり、「今何が起きているのか?」を知らせるために制作されました。

現在、左派の人々は大企業を非難し、豊かな保守層は政府の貧弱な政策を非難します。誰もが他人を非難するだけで、構造的な問題を理解しようとしていないのです。

Ｒｅｉｃｈ教授は長年階層移動や社会における公平性について訴えてきました。若い頃の体験が原動力になっているといいます。

彼は子どもの頃体が小さかったため、体の大きな男の子にいじめられることがありました。そこで、他の体の大きな子と仲良くなり、守ってもらうようになります。彼らとの友情はティーンエージャーになっても続きます。

ところが、１９６４年の夏、その友達のうちの一人であるミッキーがミシシッピー州で黒人の公民権運動に参加した際に、他の二名の参加者とともに拷問を受け殺されてしまいます。

この経験により、Ｒｅｉｃｈ教授の心は大きく動かされます。人々は何らかの形で保護されなければならないのだ、と考え始めます。特に経済的な暴力に関しては保護が必要だと考えるようになります。

映画は教授の講義も含め、アメリカの実態を描き出します。裕福な人々は、新興国の成長の一部を享受して豊かになっています。またアメリカのように既に発展しているため成長のスピードが遅い国では、富裕層が経済の大きな部分を支配することで利益を得ているのです。

しかし中間層や、中間層になりたい階層にはお金がなく、購買力がないため、経済全体の力がなくなっている、というのが問題点だと指摘します。

経済の70％は人々の消費であり、社会の多くを占めるのは中間層です。しかしお金の多くが富裕層に渡ってしまうので、中間層の人々には物やサービスを買う十分なお金がありません。富裕層もそれほどお金を使わないので、経済全体の成長が停滞してしまう、というわけです。

作品の中で紹介される富の偏りは驚くべきものです。エマニュエル・サエズとトマ・ピケティが2012年に納税記録を調べたところ、なんと、2009年にリーマンショックから復活後の経済的利益の95％がアメリカのトップ1％に渡っています。しかし中間層の収入は減っているのです。

さらに、アメリカでは、保守的な想定でも、人口の15％が貧困層だとされています。アメリカの22％の子どもは貧困層です。貧困層家庭に産まれた42％の子どもは一生貧困層です。

一方、階層移動がかなり難しいと思われているイギリスの場合は30％です。

つまり、アメリカはイギリスよりも、階層移動が難しい国なのです。

アメリカは世界一豊かな国ですが、階層の移動は他の国よりも遥かに難しい国でもあります。

誰もが享受できる医療制度の整備にはさらなる税金が必要ですが、富裕層はあらゆる手段で租税を回避し、中間層はそもそも収入が減っているので納税額は減り、貧困層は税金を払えません。

結果、世界で最も豊かな国なのに、階層移動が最も難しく、社会保障も微妙というのがアメリカの実態なわけです。

アメリカでも保育士の低収入が問題に

そんなアメリカの格差は、労働統計で収入を見てみるとわかります。

職業による格差、地域による格差が凄まじいのです。

例えばアメリカ労働統計によれば２０１５年の保育士の報酬の中間値は、時給で10・72ドル（約１１７９円）、年収で２２３１０ドル（約２４５万円）です。

これは中間値なので州により開きがあり、高収入層が多いところだと高額です。

例えばカルフォルニアのサンラファエルだと時給17・70ドル（約１９５０円）、年収３６８１０ドル（約４０５万円）、金融街で働いている人が多いニュージャージーのホワイト・プレーンズだと時給12・９ドル（約１４２０円）、年収＄２６９７０（約３９７万円）です。

一方過疎地のノースダコタでは時給９・88ドル（約１０８７円）、年収２０５５０ドル（約２２６万円）です。

カルフォルニアが最も高く、次いで、ワシントンやニューヨーク周辺というふうになり、アメリカの産業構造を反映しています。

しかし、現地の物価や平均収入を考えた場合、年収500万円でも保育士は低所得層になってしまいます。例えば前述のカルフォルニアのサンラファエルの場合は、中間値報酬が時給22・54ドル（約2480円）、年収61370ドル（約675万円）です。

保育士の年収500万円というのは、カフェのウェイトレスやファストフード店の店員、道路工事の人より若干多いぐらいで、事務系会社員や技術職に比べると、半分か3分の1程度の年収です。

驚くべきことに、アメリカの保育士の給料は、2007年以後、インフレーションによる物価の上昇を反映していないばかりか、2012年には46％の保育士の家族のいずれかが、低所得者向けの医療サービスや税金の軽減などの公的支援を受けていたことが判明しています。

保育士の中には、所得があまりにも低いばかりに、低所得者向けのフードスタンプ（政府が福祉として提供する食料品を買えるクーポン）を使わざるを得ないほどの人もいます。

このように保育士の報酬があまりにも安いため、アメリカでは「ｔｈｅ Ｆｉｇｈｔ ｆｏｒ ＄15」という時給15ドルを要求する労働運動が起こりました。

この運動は保育士だけではなく、マクドナルドなどのファストフード店の店員の時給を上げるべきだということで、アメリカではかなり支持を得ていました。

時給15ドルというのは日本円にすると大体１０５０円ぐらいですから、随分高いなと思われるかもしれませんが、物価が非常に高いため、こんな時給ではとても普通の生活は送れません。

家賃も物価も高い地域

前述のカルフォルニアのサンラファエルの場合、コンピューターシステム管理者の年収中間値は１５０１１０ドル（約１６５１万円）です。

また最近ではこのような地域でデータサイエンティストのような仕事をすると、初任給でも１５００万円、１８００万円といった報酬を得ることが当たり前になってきています。

アメリカのIT業界は、大学生のインターンシップであっても、月収100万円とか60万円というのが珍しくないのです。

その一方で、例えばサンフランシスコの場合、1LDKの家賃が現在は30万円ぐらいです。高い給料をもらっていても生活費が高く、それほど質の良い生活はできません。

当然このような地域では年収500万円とか300万円の人たちは暮らすことができませんから、他の土地に住むほかありません。

時給1800円で一日8時間労働、月に22日働くとしても月収は33万円です。そこから税金や健康保険を引いた場合、手取りはうんと少なくなってしまいます。

こんなに家賃も物価も高い地域では、たとえ時給1800円でもとても生活ができないのです。人によっては家賃が払えないためにトレーラーハウスといったキャンピングカーの中で暮らしている人もいます。

日本がデフレで物価が上がらない間、アメリカでは物やサービスの値段がどんどん上がり、IT企業など仕事を作り出す会社が集まる地域では不動産の価格もどんどん上がりました。

学費が高いアメリカ

また、公立の良い学校が学区内にある不動産の固定資産税は年に３００万円とか５００万円もかかります。

そういった物件はもちろん数億円単位であり、税金だけでこんなに金額がかかるのですから、それが払えない人は子どもをレベルの高い公立の学校に入れることができません。

お金がない人は盗難や麻薬取引が当たり前といった底辺校に子どもを通わせるほかないのです。

アメリカでは階層と教育は密接に関係しますから、レベルの高い大学に行くことができなければ、高い報酬を得ることができません。

イギリスの調査では、家庭の収入と教育レベルには強い相関性があり、良い教育を受けた人ほど高い収入を得る傾向があるという結果が出ています。

つまり、より良い教育を受けた人ほど、上層階層に移動することが可能なわけです。

高等教育や大学教育が無償、もしくはアメリカやイギリスに比べたらかなり安いノルウェー、デンマーク、スウェーデン、フィンランド、ドイツは、確かに階層移動が容易になっています。

イギリスでは大学の学費は年9000ポンド（約135万円）ですが、欧州大陸では無償かそれに近い値段で大学に通うことが可能です。

また公教育と私学の差は他の先進国に比べると大変大きいため、良い大学に入るために小学校もしくは中学校ぐらいから私立に通う人も少なくありません。私学の学費は高く、年間100万円から300万円ぐらいです。

ところがアメリカはイギリス以上に大学の学費が高い国です。

アメリカでも貧しい人々に対する教育システムは貧弱で、大学に行くのには大変なお金がかかり、進学が難しくなってきています。

例えば、カリフォルニア州立大学バークレー校は、70年代には学費は無償だったのにもかかわらず、現在の学費は年1万5000から1万8000ドル（約165万円から198万円）になってしまいました。

学生とその保護者の多くは負債を抱えます。そして、アメリカでは高卒者が管理者や専門職になる確率は、大卒者の約5分の1です。

教育より財力

ところが、ミシガン大学の研究ではアメリカにおいて良い教育を受ければ豊かになれる、というのも幻想だという結果が出ています。

同大学の社会学者であるＦａｂｉａｎ Ｐｆｅｆｆｅｒ教授が、アメリカ、ドイツ、スウェーデンの二世代を調査したところ、両親の「財力」が将来子どもが豊かになるかどうかを決定しているという結果が出たのです。

社会学では伝統的に子どもの階層移動を決定するのは両親の教育レベル、職業だったので、この結果は驚くべきものでした。

両親の財力は、より豊かな生活環境や教育環境を整えるだけではなく、子どもが様々なことに挑戦する機会を与え、お金のことを心配しなくても良いという安心感も与えます。お金が保険の役割も果たしているのです。

これは、先進国で若者の仕事が減っていることと関係あるかもしれません。

例えば給付型の奨学金などを受けて良い大学に進学してスキルを身につけたとしても、そもそも高い教育を受けた人々の仕事というのが減っているわけです。

大学で専門教育を受けた人が、みずから非熟練労働に従事しようとする可能性は低いので、少ないパイを大勢の人が奪い合う結果となっています。

雇用する側は、似たようなレベルの学生が応募してきた場合、既にインターンシップなどで経験があったり、クラブや海外留学経験、親のコネがある学生の方を採用します。そのほうがビジネスに有利だからです。

しかし、そういう学生の経験というのは、親の財力や生活の余裕があるからこそ可能であって、貧しい家庭や中流家庭の子どもには無理な場合があります。

ちなみにイギリスでは学生インターンはほぼ必須のような状態になっていますが、インターンをできるのは、親のコネがあり、インターン中の生活費を親が負担できる学生だけです。

裕福でなければ就職の際に有利な経験を「買う」ことができないわけです。

〈コラム〉トランプ大統領がアメリカで人気を集めた理由

最近ではずいぶん支持率が下がっていますが、アメリカではリベラル層やインテリ層にかなり批判されていたドナルド・トランプ氏が大統領になりました。

オバマ大統領と正反対のキャラクターの、下品なお金持ちであるトランプ氏がなぜ大統領になれたのでしょうか。

トランプ氏の政治的な発言は直球です。

選挙戦における発言では、中国の爆買いと汚染に文句を言い、「北朝鮮を攻撃しろ」「イスラム教徒は入国させるな」「不法移民は全員強制送還」「普通のアメリカ人の生活をどうにかしろ」「中東のテロリストはテロで儲かっている」「中国人がアメリカ人の仕事を奪っている」と言いたい放題でした。

そんな知性や徳性とは無縁に見えるトランプ氏ですが、なぜ支持されたのでしょうか。

以下の動画を見るとその理由がわかります。

●'On Point' with Gov. Sarah Palin & Donald Trump
（政府への指摘　サラ・ペイリンとドナルド・トランプ）
https://youtu.be/Oeju2SG7UMA

●Donald Trump's Latest Insults
（ドナルド・トランプの最近の誹謗）
https://www.youtube.com/watch?v=gMHfSP_bRq4

●Donald Trump On Immigration, Hillary Clinton（Full Interview）
（ドナルド・トランプ、移民問題とヒラリー・クリントンについて）
https://www.youtube.com/watch?v=-GwG1_TkhQI

●Gene Simmons talks Donald Trump, 2016 election

（ジーン・シモンズ、ドナルド・トランプについて語る　２０１６年選挙）
https://youtube/7ooWBA2YuBk

トランプ氏はテレビのバラエティに出まくっている「色物おじさん」なので、話が面白いのです。

語彙は少なく、単刀直入な表現なので誰にでも理解ができます。ギャグはベタベタのオヤジギャグで、洗練とかリベラルとか知的というのとはほど遠い成金おっさん丸出しキャラです。ハンバーガーを食べてウォルマートでライフルの弾丸でも買っていそうです。大金持ちなのにも関わらず、石原慎太郎氏よりもスカした感じがありません。

娘さんとテレビに出た際には、

「うちの娘を見てくれ！　彼女の体は素晴らしい、ビューティフル！　妻がいなかったら私は娘と結婚しているよ！」

などと言い、インタビュアーに「娘さんとお父さんの共通の興味はなんですか？」と聞かれ、娘さんが「ゴルフと不動産でしょうか」と答えたのに対し、トランプ氏は「せっくす！！！！」とお答えになりました。

また「中国人はアメリカ人の仕事を奪ってるんだよ。だから私は中国人からアメリカを防御するための壁を作ろうと言っている。中国人はそんなもの作るのかといっているが、でもね、彼らは何千年も前に壁を作って外国人から自分のところを守ったでしょう！　私は偉大な不動産屋だからね、建てるのは得意。壁を作ってトランプウォールと呼ぶよ！」

こういう気取りのなさ、金持ちだがエリートとは無縁の感じが、アメリカの「庶民」の心を引き付けたのでしょう。

大金持ちなので自分が思ったことを好き放題に言いまくります。

利害関係を気にする貧乏政治家には真似できません。

アメリカでは「政治的に正しい」発言をするべきだ、というのが当たり前になっているので、人種差別、性差別、年齢差別にあたることは「思っていても」「言ってはならない」ことになっています。多くの「政治的に正しい人」は言いたいことが言えません。

「不法移民は強制送還しろ」「中東から難民を受け入れるな」「中国人に不動産を売る

な」なんてことを言ったら大問題になってしまいます。
心の中では思っていたとしても、実際口に出したら社会生活もキャリアも終わりです。
そこで、本音を包み隠さずズバッと言ってくれるトランプ氏が大人気になったのです。

トランプ氏の人気は今のアメリカがどうなっているのかを考えるとよくわかります。70年代から80年代に比べると貧富の差が拡大し、多くの中流階級が没落しました。トップ1％は豊かになりましたが、中流以下の家庭の実質賃金は下がりまくりです。大学の学費は高騰し、多くの人は学資ローンの支払いに苦労します。しかし学費が高い有名大学を出た「エリート」で、なおかつ親のコネがなければ良い仕事は得られず、一生這い上がることができないのです。

国民の大半はそんな「エリート」階層とは無縁の生活を送っています。気が付くと近所には最近やってきた外国人移民ばかり（自分の祖先が移民だったことは忘れているが）。製造業は中国工場に移転。安定した職場はなくなり、「エリート」ではない自分が就けるのは、スーパーの店員やハンバーガー屋といった一時間いくらの仕事です。

オバマ氏が何かを変えてくれると期待していた人は大勢いましたが、在任中に実質賃金は下がり、自分の仕事は海外に移転し、近所のビルは中国人に買い占められ、アメリカでは銃撃事件が発生し、テロの脅威にさらされるようになりました。

さらにオバマ時代には数多くの負傷兵が出ました。25歳から54歳の退役軍人で軍務により「何らかの障害を負った」と答えた人は２００３年の72万人から、２０１６年には１５０万人に急増し、退役兵の24％を占めるようになっています。「重大な障害がある」戦傷退役兵は13万人から49万人に増加しており、８％近くになっています。

低所得者は身内に軍隊で働いている人が少なくありません。

仕事のない田舎では大学の費用を払ってくれて、健康保険を負担してくれる軍隊は重要な就職先であり、立身出世できる仕事です。ですから田舎ではイラクやアフガニスタンとの戦争で障害を負った身内を抱える人も増えたわけです。

障害のある家族を抱えた田舎の貧困層や、雇用が不安な中年以上は、アメリカ初の黒人大統領が自分たちの生活をちっとも良くしなかったじゃないかと怒りを抱えながら、トランプ氏に投票したわけです。

アメリカでは、オバマ氏は演説はうまいが、実績が伴わないダメ大統領だと考えている人が少なくありません。絵に描いたようなリベラル（＝意識高い系）であり、本音を語らないところも気に入らない人が多かったのでしょう。

トランプ氏が大統領になったことは日本では驚きをもって伝えられましたが、アメリカでは必然的な流れがあったということです。

ところでトランプ氏の娘さんであるイヴァンカ・トランプさんは、トランプ氏と違い大変理性的な常識人であることで知られていますが、イヴァンカという名前が出るたびに大笑いするイギリス人が少なくありません。

イヴァンカ、イヴァンカ、イヴァンカと連続して発音すると「I　wanker」（アイワンカー）と聞こえるからです。イギリス英語では「私は自慰するしか能がない人」という意味を持つのです。

第6章　日本からバカ格差をなくすには

状況を客観的に見よ！

日本には様々なバカ格差があります。しかし本当に問題なのは、格差があることを自覚していない人があまりにも多いことです。

例えば第３章でご紹介した「住む場所による格差」は、実は自覚していない人が多いのです。

なぜかというと、地元から一度も転居したことがないという人も結構いるので、他の地域がどうなっているか知らないのです。

また、大半の人は政府の統計や経済調査といったものを読むことをしません。そんなものがどこにあるのかまず知りませんし、興味もない人が多いのです。

ところがそういった資料を読んでみたり、高所得の人たちが住む地域に短期間でも居住してみると、経済レベルや教育レベルの格差といったものが存在していることを実感することになります。その格差を知ってやる気がなくなる人もいるでしょうし、「なにくそ」と思って反骨精神を持つ人もいるでしょう。それは人それぞれです。

しかし今置かれた状況、事実として存在する格差を客観的に把握することは、格差を減らすこと、格差から抜け出す第一歩になります。

これは不健康な人が健康になるのと同じです。自分の体脂肪率や肝臓の状態を数値的に把握しなければ、現在どのくらい健康状態が悪いかということもわかりませんし、解決策も浮かんでこないというものです。

異なる価値観に触れろ！

二つ目に重要なのは、日本におけるバカげた格差は、実は国内や狭い範囲に限られたルールに縛られているということです。

例えばこの本のはじめにご紹介したタワーマンション格差ですが、他の地域や国に行ってみると、高層住宅に住むような人はステイタスがあるどころか、貧困層であると思われてしまいます。

欧州では都会の中にある人工的な箱の中に住むことは貧しいことであり、決して自慢できることではありません。いくら値段が高くても関係ありません。まったく人間的な生活ではないからです。

このように日本で格差と言われていることや、マウンティングなんていうものは、大変狭い場所での価値観にしばられたものなのです。

ママ友同士で夫の職業自慢をするようなこともまったくバカげたことです。夫の職業は自分の職業ではありませんし、肩書きが良いからといってお金があるわけではありません。充実した生活となんの関係もないわけで、まったく自慢の種にはならないわけです。これは同窓会でも同じで、肩書きがいいとか勤めている会社が有名かどうかといったことを競い合う人たちがいますが、それがその人の人生にとっていったい何の意味があるのでしょう。

人間が何のために生きているか、本質的なことを考えるとまったくバカげたことです。会社の中での出世競争やマウンティングも同じです。

ひとつの会社の中での役職なんて、一歩会社の外に出れば意味はありません。だいたいその会社が何をやっている組織なのか世間の人はそれほど興味はないですし、肩書きがその人を表すわけでもありません。同期が昇進したからといって自分の人間的な価値が低いというわけでもありません。

会社の中の出世というのはあくまで運であって、多くは人の好き嫌いで決まるものです。ですから自分が昇進してないからといって落ち込む必要なんて全然ないのです。たまたま意思決定する人が自分とは合わなかっただけだということがほとんどでしょう。

これらがバカげたことだと気がつくのには、ちょっとした工夫が必要です。

自分が住んでいる場所や所属しているコミュニティから離れて、まったく違う人たちと付き合ってみたり、違う土地に旅行に行ってみたりすることが必要です。

そうするとまったく違う価値観が存在することに気がつきます。

違うことを知るということは、人生を豊かにすることです。それがリラックスした自分らしい人生を送ることにつながります。

しかし、そういった広い視座の考え方を持った日本人は多くはありません。

狭いコミュニティの価値観に縛られて毎日を送り、どんどんストレスをためています。

人間は誰しもいずれ死にます。人生は限られているんですから、狭い範囲の価値観にしばられて悩むなんてバカげていることではないですか。

お金を賢く使え！

現在日本にはびこっているバカ格差の多くは、実はお金で解決が可能だったりします。例えば住む地域に関しては、ちょっと家賃の高いところや不動産価格の高いところに住むには、お金を上乗せすれば解決できます。

少々高い物件を選べれば、通勤が便利で子どもの教育レベルの高いところに住むことは可能なんです。

子どもをより高い階級に移動させたいと思うのであれば、教育に投資すればいいのです。教育への投資は株やビットコインへの投資よりもはるかに安全で確実なものです。

服やブランド品など分不相応な消費財にお金を使うよりも、本当に投資する価値のあるものにお金を使えばいいのです。そうすれば自分がなくしたいと思っている格差をなんとかすることができます。

そのためにはお金を節約し、貯めて、賢く運用し、なおかつ上手に使うコツが必要です。

まずお金とはなんであるかということを歴史から学ぶ必要があります。

お金とは価値の交換でありますから、お金自体が目的になってはいけません。

次にお金を貯めるには節約するほかありません。ただしこの節約というのは、やり方が難しく、お金は本当に使うべきときには使わなければ意味がありません。

例えば自分が大事にしているお客さんや身内に対しては、ケチらずにお金を使うべきです。

また、健康や自分の身を守ることに関してはケチってはいけません。

一方で節約できるものは徹底的に節約するべきです。

例えば100円ショップでの買い物はしないという節約の考え方があります。

100円ショップのものは安くても質が低いため、壊れやすかったり結局買い直さなければならないことも多く、買いに行く手間、時間などを考えると実は損なんです。若干値段が高い専門店やホームセンターで長持ちするものを買ったほうが、総コストが低い上に時間の節約になります。それで生まれた時間はリラックスしたり仕事の勉強をする時間にあてればいいんです。

また、使える割引券やクーポンがあったら、恥ずかしがらずにどんどん使うべきです。お金持ちほど節約家と言われるように、例えば伝説的な投資家のウォーレン・バフェットは大金持ちなのにクーポンが大好きです。自分を訪ねてきた人にクーポンを使ってマクドナルドでおごったという有名な逸話もあります。

以前香港で似たようなことを目撃しました。

私の友達の親類は大変なお金持ちなのですが、服はボロボロです。足元は一年中ビーチサンダルです。割引券を使えるところでは徹底的に使っていました。しかしお客さんを接待するために使うベンツは金色の大変高価な車種でした。

つまりお金を節約するべきところでは節約し、使うところでは思いっきり使う。その繰り返しにより富を蓄積してきたのです。

さらにお金を賢く使うにも貯めるにも、重要なのは勉強です。

もちろん経済学やファイナンスの勉強も大変重要なわけですが、それ以上に重要なのは幅広い教養を得ることです。

例えば歴史や文学は一見お金を貯めたり使ったりすることには関係ないようですが、世の中の動きを理解し、先を読むのには大変重要です。歴史は必ず繰り返しますから、過去から学ぶことは可能です。人間はそれほど賢くはありません。

文学は異なる文化圏の人々の心の中を知るのに役立ちます。ですから様々な国の文学を読むことは重要です。

この他に文化人類学や芸術といったものを学ぶこともとても重要です。それを通して異なる文化や異なる美意識を身につけることができるからです。

そうすると世界情勢もだんだんわかってきますし、外国の企業に投資するときはそういった知識が意外と役に立ったりするのです。

情報は今ではネットで無料で学べたりしますから、お金もかからず暇も潰せますし、本当に一石二鳥です。

また雑談のネタも増えますから、コミュニケーションにも役立ちますし、周りの人から物知りとして尊敬され、人脈も広がりやすいのです。

日本はまだマシ。外国と比較せよ！

日本では格差が広がった広がったと言われてはいますが、それでも世界的に見るとまだまだ豊かな国です。

「日本は今後発展途上国になってしまう」と過激なことを言っている人たちもいますが、私は日本人の教育レベルやインフラの水準を見る限り、そこまでひどいことになるとは思っていません。国力というのはその国の人たちの教育レベルや倫理のレベルで決まります。日本はまだまだレベルが高いのです。

これはほかの先進国と比べてもよくわかるのですが、他の先進国では日本に比べてはるかに格差が大きいのです。

その代表はアメリカですが、カナダやイギリス、そしてなんとなく格差のなさそうなドイツやイタリアの格差も実は相当なものです。日本に比べると教育や公的なインフラに投資していない国もありますから、経済的な格差を乗り越えるのは本当に大変です。

またアメリカとイギリスの場合は格差が凄まじいので、それに起因する治安の悪さというのもあります。一見安全そうに見えるイギリスですが、東ロンドンの一部の地域やロンドンの南側、さらにリバプールやブラッドフォードのような街は、治安が悪いために暗くなってからは近寄れません。

昼間であっても強盗に遭って身につけているものを無理やり奪われたり、ナイフや銃で襲われることもあります。ですからイギリスに住むと普段から治安にうんと注意していなければいけませんし、子どもを一人で外出させることが大変危ないこともあります。治安の悪い地域には近寄らないように日本の何倍も気を遣います。家にはセキュリティシステムを入れるのが当たり前です。

こういった治安の悪さの原因のひとつは、やはり経済格差が凄まじいということがあります。

こういった諸外国の状況に比べると、日本の格差というのは大変小さいものです。昔に比べると治安が悪くなったとはいっても、世界的に見ると最も治安が良い国のひとつです。ですからバカ格差があるとはいっても、世界的に見ると実はそれほど深刻な問題ではないのです。

しかし、それを知らない人も多いので、微小な格差に頭を悩ませてしまうのです。

やはり外の世界を知らないと視野が狭くなってしまって、どうでもいいことで苦悩してしまうものなのです。

もっと自分の軸を持て！

日本には様々なバカ格差がありますが、自分自身の軸というものがあれば、そんなことは気にならなくなるものです。

自分自身の軸とは何かというと、自分が信じるものであったり、自分が良いと評価するものです。

それは自分の好きな本であるかもしれないし、何か好きな価値観かもしれません。好きな風景かもしれないし、自転車に乗っているときに顔に感じる風かもしれません。

それは自分が起きている時間に、自分が幸せだと感じることです。

人生は楽しむためにありますので、そういった自分が良いと思うものを常に意識していることは、自分の人生をより充実したものにしてくれます。

そういった軸になるものがあれば、目の前にどんな格差が現れようともどうでもよくなるはずです。

格差というのはあくまで他人との比較にすぎませんから、相対的なものです。しかし自分の軸は人と比較するものではありません。あくまで自分が良いと思うもの、信じるものです。それに対して他人がどう言おうと関係はありません。

会社や学校で格差を感じても、家に帰れば自分の好きな石を眺めて過ごす、気に入った本を読む、木彫りに熱中する、犬を可愛がる、自転車に乗ってどこかに行く、困っている人を助ける、メソポタミア文明の秘密を探る、そういった人生の軸になる楽しみがあれば、何事もやり過ごせるというものです。

おわりに

日本で格差が広がっているのは事実でありますが、国内ばかりではなく、世界的な視点でものを見てみると、我々が悩んでいる格差というものの多くが実はバカげているものだと気づくことができます。

しばらく「一億総中流」の社会が続いた日本では、格差があるという事実を受け入れるのは痛みを伴うことかもしれません。

ですが、格差と言われているものの中には気にする必要すらないものも多いのです。

私はそういった格差にイライラしたり、悩んでいる皆さんが、少しでも見方や考え方を変え、生活が楽しくなればという思いで本書を執筆しました。

我々が直面する格差の中には、ちょっとした知恵や勇気を出せば改善できるものもあります。

そのひとつは適切な節約生活であったり、経済や社会のことを勉強することでありま す。知識さえあれば、地道にお金を貯めて、堅実に投資をして、経済的な格差を乗り越えられることがあります。

さらに、他人の言うことは気にせず、見栄を張らないといった意識も、これからの時代、大いに大切です。

自分が人生で大切にしたいことを見極め、やりたいと思うことだけやれば、生活はもっと意味のあるものになるでしょう。

そしてとにかく自覚するべきなのは、人生は有限であり、自分と他人を比較するのは本当に時間の無駄であるということです。そんな暇があったら盆栽の手入れをしたり、気の利いた卵焼きでも作る研究をしたほうが有意義ではないですか。

格差はあれど、人生に与えられた時間は平等です。限られた時間をいかに使うか。それが格差を自力で乗り越えていける唯一の方法なのです。

谷本真由美

バカ格差

著者　谷本真由美
2018年1月25日　初版発行

谷本真由美（たにもと まゆみ）
1975年、神奈川県生まれ。
シラキュース大学大学院にて国際関係論および情報管理学修士を取得。ITベンチャー、コンサルティングファーム、国連専門機関、外資系金融会社を経て、現在はロンドン在住。日本、イギリス、アメリカ、イタリアなど各国での就労経験がある。ツイッター上では、「May_Roma」（めいろま）として舌鋒鋭いツイートで好評を博する。趣味はハードロック／ヘビーメタル鑑賞、漫画、料理。著書に『キャリアポルノは人生の無駄だ』（朝日新聞出版）、『日本人の働き方の9割がヤバい件について』（PHP研究所）、『日本が世界一「貧しい」国である件について』（祥伝社）、『不寛容社会』（ワニブックスPLUS新書）など多数。

発行者　横内正昭
編集人　岩尾雅彦
発行所　株式会社ワニブックス
〒150-8482
東京都渋谷区恵比寿4-4-9えびす大黒ビル
電話　03-5449-2711（代表）
03-5449-2716（編集部）

ブックデザイン　橘田浩志（アティック）
カバーデザイン　小口翔平＋喜來詩織（tobufune）
校正　玄冬書林
写真　アフロ
編集協力　杉本透子
編集　内田克弥（ワニブックス）

印刷所　凸版印刷株式会社
DTP　株式会社 三協美術
製本所　ナショナル製本

ISBN 978-4-8470-6604-7
ワニブックス HP　http://www.wani.co.jp/
WANI BOOKOUT　http://www.wanibookout.com/